BESTE GEGEND – DAS BUCH ZUM FILM

AF011555

Marcus H. Rosenmüller, Jahrgang 1973, studierte an der Hochschule für Fernsehen und Film in München. Seinen Diplomfilm »Hotel Deepa« drehte er dank eines Stipendiums des DAAD in Indien. Schon während seines Studiums erhielt er Preise und Auszeichnungen für seine Kurzfilme »Nur Schreiner machen Frauen glücklich«, »Kümmel und Korn« und »C'est la vie«. Neben Fernsehdokumentationen für den Bayrischen Rundfunk hatte er das Glück mehrere Kinofilme drehen zu können, und machte mit »Wer früher stirbt ist länger tot«, »Räuber Kneißl«, »Schwere Jungs«, »Beste Zeit« und »Beste Gegend« den Heimatfilm wieder zu einem bei Filmkritikern und Publikum gleichermaßen beliebten Genre. Sein erster großer Kinoerfolg »Wer früher stirbt ist länger tot« wurde mit dem Deutschen Filmpreis 2007, dem Bayrischen Filmpreis 2007, dem New Face Award 2007 sowie dem Förderpreis Deutscher Film 2006 ausgezeichnet. Zuletzt war von ihm 2009 »Die Perlmutterfarbe« im Kino zu sehen.

Er liebt Dampfnudeln und Kartoffelsuppe, aber nicht Dampfnudeln mit Kartoffelsuppe.

Karin Michalke wurde 1976 in Altomünster, im Landkreis Dachau geboren. Nach dem Abitur machte sie zunächst eine Lehre zur Verlagskauffrau bevor sie 1998 ein Studium an der Hochschule für Fernsehen und Film in München begann. Nach dem erfolgreichen Abschluss folgte ein Jahr bei der Drehbuchwerkstatt München. Sie schrieb Drehbücher zur Trilogie »Beste Zeit«, »Beste Gegend« und »Beste Chance«, sowie dem Film »Räuber Kneißl«. 2009 veröffentlichte sie ihren ersten Roman »Rosa macht blau«.

BESTE GEGEND

»AUF FAHRTWIND UND FREIHEIT«

Weitere Informationen über den Verlag und sein Programm
unter: www.allitera.de

Das Drehbuch zum gleichnamigen Film wurde produziert von
Monaco Film GmbH für den Bayerischen Rundfunk.

Allitera Verlag
Ein Verlag der Buch&media GmbH, München
© 2009 Buch&media GmbH, München
Fotos und Drehbuch: in Lizenz der BRW-Service GmbH
Druck: Books on Demand GmbH, Norderstedt
Printed in Germany
ISBN 978-3-86906-058-3

INHALT

Drehbuch: »Beste Gegend« von Karin Michalke   7

Gedichte zum Film von Karin Michalke:

   Gedicht 1 – Kati und Jo haben ein gemeinsames Ziel –
   »Fernweh fliagt«   101
   Gedicht 2 – Kati verabschgiedet sich von Lugge –
   »Fernsehtürme«   102
   Gedicht 3 – Kati lässt Jo frei ... – »Oaner geht immer
   furt«   103
   Alternative 1 – »Der Goldfisch, der den Ozean
   durchschwamm«   104
   Alternative 2 – »eine Insel«   105

Interview mit Autorin Karin Michalke   107

PERSONEN

Kati	Anna Maria Sturm
Jo	Rosalie Thomass
Katis Vater	Andreas Giebel
Katis Mutter	Johanna Bittenbinder
Luis	Xaver Riepertinger
Rocky	Ferdinand Schmidt-Modrow
Frau Blumenreich	Ulrike Arnold
Lugge	Stefan Murr
Katis Opa	Peter Mitterrutzner
Jos Mutter	Bettina Redlich
Jos Vater	Heinz-Josef Braun
Toni	Volker Bruch
Hatsch	Tommy Schwimmer
Baum	Thomas Feist
Steve	David Zimmerschied
Felix	Andreas Buntscheck
Lou	Lukas Turtur
Mike Kronen	Florian Brückner
u.v.a.	

TEAM

Regie	Marcus H. Rosenmüller
Produzent	Nils Dünker, Monaco Film
Kamera	Helmut Pirnat
Herstellungsleitung	Uwe Wriedt
Produktionsleitung	Thomas Blieninger
Aufnahmeleitung	Peter Dörfler
Casting	Franziska Aigner-Kuhn
Komponist	Gerd Baumann
u.v.a.	

DREHBUCH: BESTE GEGEND VON KARIN MICHALKE

1. EXT. HINTERLAND / TANDERN – MORGENDÄMMERUNG

Es ist schon fast Sommer im bayrischen Hinterland. Knallgelbe Rapsfelder leuchten in der Morgensonne. Dreiarmige Strommasten überspannen die Hügel. Ein Pferd galoppiert mit wehender Mähne über die blühende Wiese. Kati läuft hinter ihnen her. Sie pfeift durch die Finger. Das Pferd reißt den Kopf hoch wie ein Mustang. Kati kommt auf ein paar Schritte ans Pferd heran, und schon läuft es wieder ein paar Meter weiter.
KATI: Verdammt noch mal, jetzt bleib hoid steh! Jetzt bitte, bleib hoid steh!
Vom Hof her ist ein Hupen zu hören. Kati sieht vom Hügel aus Jos Benz in den Hof fahren.
JO: Kati! Katiii!
KATI: Jetzt bloib hoid bitte steh! (zum Pferd) I mach no Salami aus dir, i schwörs dir!
JO: Katiii!
KATI: Jetzt bleib hoid bitte steh! Mann, du scheiß Pferd!!!

2. EXT. HOF KATI – MORGEN

Der alte VW-Bus steht an der Stallwand. Keine Reifen sind mehr dran, die Heckscheibe fehlt, und rund herum ist hohes Gras gewachsen.
Daneben verrostet ein zusammengelegter Baukran. Alte Gasflaschen stehen da, Betonmischmaschinen und ein Dixie-Klo. Kati joggt mit dem Pferd zum Hof herunter. Jo rennt ihr entgegen.
JO: Kati, was is jetzt? Des darf doch ned wahr sei …
KATI: So, brav. Jetzt geh her.
JO: Mensch Kati, jetzt kimm hoid. Es is schon zwanz'g vor! Du schaffst es echt, dass ma zum Abi a no z'spat kemma, oder?!

Katis Papa marschiert derweil im Schnellschritt aus dem Haus. Sein weinrotes Seidenblouson flattert. Er nimmt das Pferd am Halfter. Gleich hinter ihm läuft die Mama auf Kati zu.
VATER KATI: Dua her! Und schaug dassd weita kimmst! Und streng di o!
KATI: Danke, Pfiadi.Servus Jo! Duad ma Leid!
JO: Passt scho.
Kati springt zu Jo ins Auto.
Jo wendet den Benz im Hof. Katis Mama reicht Kati aus dem Lauf eine Brotzeittüte durchs Fenster.
MAMA KATI: Hoit!! Vui Glück!
KATI: Danke, Mama!
MAMA KATI: Und vorsichtig fahrn, ge!
OPA KATI: Bringst ma a Muich und an Honig mit!
KATI: Ja Opa.
Jo gibt Gas, dass der Kies spritzt.

3. EXT. STRASSE – MORGEN

Die Landstraße schlängelt sich durch die Hinterlandhügel. Der Wind fängt sich in den Getreidehalmen. Die Äcker sehen aus wie Wellen am Meer.
Der Benz fliegt schier über die Kuppe, die Stossdämpfer gehen in die Knie. Ein Traktor tuckert die Straße entlang. Jo muss den Benz scharf bremsen.
JO: Super.
Kati sitzt gespannt wie eine Feder auf dem Beifahrersitz. Mit weit aufgerissenen Augen starrt sie auf die schmale Straße, die hinter einem leuchtend gelben Rapsfeld verschwindet.
KATI: I glaub i hab a Schreibblockade.
JO: Ja, weils grad du a Schreibblockaden haben wirst. Sigst du da was?
KATI: Geht scho! Mann, Jo!!!

Jo schaltet einen Gang runter. Sie zögert einen Sekundenbruchteil, dann drückt sie den Fuss aufs Bodenblech. Der Diesel dröhnt. Jo schert hinter dem Traktor aus. Da kommt ihnen Rocky's kleiner BMW entgegen geflitzt.
Jo reißt den Benz zurück.
JO: Des warn Rocky und Anni. Des wär was g'wesn! Außerdem schreibst du Deitsch a mit a Schreibblockaden! Oh na.
Der Benz schleicht hinter dem Traktor in einer weiten Kurve bergab. Jo sieht nichts, Kati sieht nichts.
KATI: Oh Scheiße, des dauert ewig.
JO: Wurscht, mia fahrn hint rum.
Jo überholt. Jetzt haben sie Glück. Kommt nix entgegen.

4. EXT. LANDSTRASSE / LANGENPETTENBACH – MORGEN

Doch schon hinter der nächsten Kurve stauen sich die Autos. Jo fährt links an der Autoschlange vorbei. Vor dem Ortsschild Langenpettenbach biegt sie von der Straße auf einen Feldweg ab. Hinter sich lassen sie eine Staubfahne. Jetzt biegt die Jo vom Feldweg ab in die Wiese und fährt schurstracks durch den Acker, wieder auf die Straße und vollgas weiter.

5. EXT. SCHULE / PARKPLATZ – MORGEN

Jos Benz schieß auf das Schulgebäude zu. Jo bleibt direkt vor dem Eingang stehen. Drei Minuten vor acht. Jo macht den Motor aus. Die Mädels rennen auf das Schulgebäude zu.
Da stellt sich ihnen der Hausmeister in den Weg.
HAUSMEISTER: He, he! Da wird fei ned parkt, ge.
KATI: Mir ha'm jetz Abitur!
Jo will schon weiter rennen. Aber der Hausmeister packt sie am Arm.

HAUSMEISTER: Ja ... parkt wird da hinten, ja! Also, los!
Wenn a Notarzt kommt ...
KATI: Ahhh.
HAUSMEISTER: ... ja, dann bin i dro. Verstehst? Glaubst.
Des geht doch net.
Jo reißt sich aus dem Griff des Hausmeisters los. Rückwärts geht sie zu ihrem Auto zurück. Jo wendet den Benz unter Vollgas und parkt mit quietschenden Reifen draussen auf der Straße.

6. EXT. SCHULE / HAUPTEINGANG – MORGEN

Die Mädels rasen ins Schulgebäude. Die Schuluhr zeigt eine Minute vor acht.
KATI: Lass bitte net die Blumenreich Aufsicht ham!
JO (leise): Oh.
Nebeneinander sprinten die Mädels durch die Schwingtür.

7. INT. SCHULE / KLASSENZIMMER – MORGEN

Frau Blumenreich hat die Prüfungsbögen in der Hand und schreitet durch die Stuhlreihen. Die Tische sind auseinander gerückt. Bis auf zwei hintereinander stehende Tische ist jeder besetzt. Außer Atem stürzen Kati und Jo ins Klassenzimmer. Die Mischüler glotzen sie wie auf Kommando an. Manche grinsen. Frau Blumenreich hält inne. Leicht neigt sie den edlen Kopf und zieht die Augenbraue hoch.
FRAU BLUMENREICH: Herzlich Willkommen.
KATI: Entschuldigung, Frau Blumenreich.
JO: Wir san im Stau g'standn.
FRAU BLUMENREICH: Ja, das hör' ich heute Gott sei Dank zum letzten Mal. Hoff ich für Sie und für uns alle.
  Mit dem Gong plumpsen Jo und Kati auf ihre Stühle. Frau Blumenreich klatscht die Prüfungsbögen vor Kati und Jo auf den

Tisch. Es wird totenstill. Die Füllfederhalter der Mitschüler fangen an, auf dem Papier zu kratzen. Mit Adlerblick schreitet Frau Blumenreich durch die Tischreihen. Jo liest den Prüfungsbogen durch: Literarische Erörterung anhand eines Romanauszugs aus »Die Gebrüder Oppermann« von Lion Feuchtwanger. Alternativ: Gedichtvergleich Trakl – Werfel. Jo schüttelt hilflos den Kopf. Kati legt die Gedichte nebeneinander auf den Tisch und fängt an, Wörter zu unterstreichen. Die Minuten vergehen. Mit großen, leeren Augen starrt Jo auf ihr Blatt. Eine einzige Zeile schreibt sie: Die Tore aller Himmel stehen weit dem Dunkel offen. Katis Haarzopf löst sich langsam auf. Flüssig schreibt sie Zeile für Zeile voll. Einmal schaut sie besorgt zu Jo.
    JO (flüsternd): Kati, I hab a Schreibblockade.
    KATI (flüsternd): Schreib halt irgendwas. Schreib was über Nazis, des geht immer. Oder DDR.
    JO (flüsternd): Du hast ja an Vogel.
    Frau Blumenreich wirft einen scharfen Blick zu Kati und Jo. Jo zeigt Kati einen Vogel. Hilflos hebt Kati die Schultern. Die Minuten verrinnen wie nichts.

8. INT. SCHULE / KLASSENZIMMER – TAG

Der Gong beendet vier qualvolle Prüfungs-Stunden. Eine Mädchen schluchzt.
    JO: Kati, pack mas!
    KATI: Derf ma des?
    JO: Is doch wurscht.
    JO: Wiederschaun.
    KATI: Servus.
    Jetzt schmeisst Jo ihren Stift hin und gibt der Lehrerin ihre Prüfungsbögen ans Pult. Frau Blumenreich lächelt metallern.
    FRAU BLUMENREICH: Die andern bleiben bitte sitzen.

9. INT / EXT. SCHULE / PARKPLATZ – TAG

Kati und Jo rennen aus dem Schulgebäude. Freudentanz und Bodenküssen.
JO: Aaaaaaaaaaaaaaaaaaaaaaaaa!
KATI: Aaaaaaaaaaaaaaaa!

10. EXT. LANDSTRASSE – TAG

Der Benz fliegt über die Hinterlandhügel. Jo's Hand hängt aus dem Fenster, ihre Haare fliegen ihr wild in die Augen. Ein Klassiker aus den 60ern scheppert volle Lautstärke von der abgenudelten Kassette. Jo kreischt wild in den Fahrtwind und singt aus vollem Halse mit.

11. EXT. LANDSTRASSE / TANDERN – TAG

Der Benz fährt auf der schmalen Straße auf Tandern zu.

12. EXT. DAUMILLER BERG – TAG

Es zischt aus der Bierflasche, der Deckel fliegt in hohem Bogen in die Wiese.
KATI: So.
JO (nachdenklich): Glorreiche Zeiten.
KATI (atmet ein): Des riacht ois nach Freiheit da. Riachst du des?
Die Jo atmet tief durch die Nase ein. Die Kati atmet tief durch die Nase ein.
Jo (atmet ein): Ah. Ja.
KATI: Auf die glorreichen Zeit'n.
Jo schaut vom Fernsehturm in Schmarnzell über 20 Kilometer Hügelland bis zur zart-pink gestrichenen Kapelle auf dem

Oberdorfer Hügel. Jo dreht sich einmal im Kreis. Sie zeigt am Horizont entlang. Kati verfolgt Jo's Geste mit ihrem Blick:
JO: Prost. Woast wos? Eigentlich müssat ma jetzt wegga fahrn. Irgendwie zum Irschenberg und dann n Brenner runter und weiter bis nach Portugal.
KATI: Hm genau. Und dann weiter nach Gibraltar und dann nach Afrika. Afrika is super.
Jo nickt. Als sie Kati jetzt anschaut, liegt ein großer Ernst in ihren Augen.
JO: A Weltreise. Geil. Wann fahrn ma?
KATI: Keine Ahnung. Wenn ma's Zeugnis ham.
JO: Ausg'macht?
Jo hebt ihre Hand. Kati brauch bloß noch einschlagen. Schaut in die Ferne. In Jo's Augen leuchtet das Fernweh.
KATI: Ausg'macht.
JO: Auf Fahrtwind und Freiheit.
KATI: Auf Fahrtwind und Freiheit.
JO: Ohne Kompromiss!
Kati zögert einen winzigen Moment.
KATI: Ohne Kompromiss.
Die Mädels fallen sich um den Hals. Jo reißt die Arme in die Luft und jubelt in den Himmel.
JO: Juhuuuuuuuuuuuu!

13. EXT. DAUMILLER BERG – TAG

Plötzlich hören sie das Knattern eines alten Motors. Tock-tock-tock. Jo verrenkt sich den Hals, um etwas zu sehen. Und tatsächlich tuckert ein kleiner Hanomag-Traktor den Daumiller Berg herauf. Katis Opa sitzt drauf. Kati wedelt mit beiden Armen.
KATI: Opa?! Ooooopaaaa!!
Der Opa schaut zwar, fährt aber ohne weitere Reaktion vor-

bei. In der Werkzeugkiste hinten am Traktor klappern eine Axt, eine Motorsäge und ein paar schwere Hämmer herum.
JO: Wos is'n mit dem los?
KATI: Des hot er scho moi g'habt.
Kati rennt den Daumiller Berg hinunter, um ihren Opa noch zu erwischen.

14. EXT. FELDWEG – TAG

Der Hanomag tuckert den Hügel zum Wald hinauf.
KATI: Opa! Opa!
In vollem Lauf steigt Kati auf das Trittbrett und schwingt sich auf den Tock-Tock. Sie zupft den Opa am Ohr, küsst ihn auf den Hut.
KATI: Hey Opa! I bins. D' Kati.
OPA: Freilig bist du d' Kati. Moanst i bin bled.
KATI: Ja grad bist an mir vorbei g'fahrn!
Der Opa schüttelt den Kopf und lacht.
OPA: Geh, wos du dir oiwei ei'buid'st!
Jo fährt hinter den beiden her. Kati hebt hilflos die Hände.
KATI: Jetza drah ma moi um, Opa.
OPA: Na, i muass auf Schmarrnzell. Gerti wart auf mi!
KATI: Aber Opa, d'Oma die wart da ned auf di.
Stur lenkt der Opa den Traktor den Hügel hinauf, auf einen einzelnen alten Baum zu.
OPA: Freilig warts auf mi.
KATI: Mia miaß'n hoam, Opa. D' Mama wart' mit'm Essen.
OPA: I mog nix ess'n!
KATI: Also guad, dann fahrn ma hoid spada nauf zur Oma. Aber jetza fahrn ma z'erst hoam zum essn.
OPA: Oiso guad. Aber fei wirklich, ge! Ned, dass des wieder Sprüch san.
KATI: Na, versrprocha. Geh, hock di umi. Spada fahrn ma nauf zur Oma.

15. EXT. HOF KATI – TAG

Unter dem Zaun vor der Pferdewiese steht ein bulliger Balkenmäher. Das lange Gras unter dem Zaun und um die Zaunstempen herum ist zur Hälfte abgemäht. Jo fährt in ihrem Benz in den Hof. Sie hupt. Kati stellt den Traktor ab und hilft dem Opa herunter.
MAMA KATI: Kati! Opa! Der Hubert is unterwegs und suacht di überall
Katis Mama läuft aufgeregt aus dem Haus. Sie hat noch Lockenwickler im Haar.
OPA: Heit schaugst aber fesch aus.
MAMA KATI: Mei.
KATI: Mama, i nimm an scho.
OPA: Reißt ma ja den Arm aus.
KATI: Jetzt stell di halt ned so o.
JO: Wir ham ihn am Daumiller Berg erwischt.
MAMA KATI: Des hat er scho moi g'macht.
Die Mama nimmt den Opa am Arm und bugsiert ihn zum Haus. Der Opa setzt sich aber stur auf seinen Stuhl auf der Terrasse. Kati bringt ihm eine Decke aus dem Haus. Da fährt Katis Papa in den Hof und steigt aus dem Auto. Er trägt seine Arbeits-Latzhose und Gummistiefel. An seinem Hemd hängen Grashalme. Luis sitzt auf dem Beifahrersitz. Ein Fernglas hängt um seinen Hals. Erleichtert sieht er den Opa auf seinem »Thron sitzen«.
VATER KATI: Und habts'n?
LUIS: Opa.
MAMA KATI: Nach Schmarnzell wollt er.
LUIS: Opa, mir ham di g'suacht. Wir warn im Wald und beim Schmiedwirt und beim Bäcker.
OPA: Und? Habts mi g'fundn?
Kati lacht. Luis rast auf die Garage zu.
LUIS: Na. Papa, derf i ihn der Kati jetzt zoang?
JO: Au ja. Des mach ma.

VATER KATI: Ja. Dann zoagts'n ihr.
KATI: Wos na?
JO: Des siegst dann scho. Kimm mit!
OPA: Hunger hob i.
Jo hilft Luis das Garagentor aufmachen. Ein lila 123er Benz steht drin. Auf der Windschutzscheibe klebt eine große rote Schleife. Katis Mama bringt einen Kuchen auf die Terrasse.
LUIS/JO: Tatatatatataaaa.
Der Papa klopft auf das Dach des neuen Benz.
VATER KATI: Und?
JO: Cool, oda? Der war in der Aichacher Zeitung g'standn. In lila. I hob no nie so a geils Auto g'sehn.
KATI: Meiner?
VATER KATI: Freilich!
Kati geht aufgeregt um ihr neues Auto herum. Ehrfürchtig streicht sie über das glänzende Blech. Jo schaut ihr lächelnd zu.
LUIS: Da sitzt drin wie in an U-Boot. Aber fahrn duat a sich lässig.
Kati und Jo's Augen richten sich auf den blonden Schopf. Der Vater gibt seinem Sohn einen Klaps.
VATER KATI: Ab. 12.
LUIS: Aua. Bloß o'lassn hob i ihn. Bin koan Meter g'fahrn.
VATER KATI: Des is a Auto, auf des muaß ma aufpass'n. In a paar Jahr is des a Rarität.
KATI: Dank dir, Papa!
VATER KATI: Der is fast so alt wie du. Bloß scheena.
Kati setzt sich hinter Steuer. Sie strahlt. Der Papa steht da und knetet seine Hände. Jo nickt einladend zu ihrem Auto. Kati startet den 200er Diesel.
JO: G'fallt er dir?
KATI: Ja voll!!!
Kati lacht.
KATI: Huuh.

16. EXT. LANDSTRASSE – TAG

Zwei Benz rauschen hintereinander über die schmale Landstraße auf der Hügelkuppe entlang. Die beiden Benz verschwinden in der Senke (Wellenstraße).

17. INT. HAUS KATI / KÜCHE – TAG

Der Opa schläft auf dem Kanapee neben der Küche. Kati hockt vor ihm auf den Boden und betrachtet ihn. Die Mama werkelt in der Küche.
MAMA KATI: Wie isn überhaupt der Jo im Abitur ganga?
KATI: Ja, is scho ganga.
MAMA KATI: Is fertig g'worn?
KATI: Mhm. Nach Schmarnzell wollt er nauf! Mit der Oma is er da verabredet, hat er g'sagt.
MAMA KATI: Da ham sie sich früher immer heimlich troffa, woaßt.
KATI: Die Jo und i, wir woll'n furt fahr'n, Mama.
MAMA KATI: Aha.
KATI: A Weltreise. Glei wenn mas Zeignis ham.
MAMA KATI: A Weltreise! Ihr zwoa alloa! I woass' ned, Mauserl. Des g'foidma garned. Du bist ja ned amoi g'impft und nix.
Aus dem Arbeitszimmer hastet Katis Papa. Er sucht die Schlüssel oder was anderes. Geht Richtung Fensterbrett.
KATI: Du, Papa, die Jo und i, wir fahr'n furt.
VATER KATI: Ja guad, i muaß a ind Stadt.
KATI: Tss.
MAMA KATI: Also des überlegst da noch mal, ge!
Kati geht zu ihrem Opa, der auf einem Sofa schläft.
KATI: Du Opa, die Jo und i, wir wolln furt fahrn. Erlaubst du des? (Opa schnarcht)
KATI: Danke.

18. EXT. HOF JO – TAG

JO: Papa, i packs dann, ge! Sagst du der Mama, dass ich die große Salatschüssl mitg'nomma hab?
VATER JO: Ja, ja. Du wart amoi schnell. Schau amoi wer do is!
Jo schaut zur Scheune. Aus dem Inneren tritt eine bekannte Gestalt hervor: es ist der Lugge!
JO: Ja Lugge. Leck mi am Arsch. Was machstn du da?
LUGGE: Griaß di.
JO: Hams di ned brauch kenna in der weit'n Welt, ha?
LUGGE: Mei, die Jo. Oiwai noch des gleiche Mundwerk. Griaß di.
VATER JO: Kannst n gleich mitnehma. Er möcht in Bauwagn nei.
JO: So. Bist pleite.
VATER JO: Samma froh. Sonst wär er gar nimma kemma.
JO: Da kannst glei mit opacka. Mir ham heit Gündinger-Loch-Festl.
LUGGE: A Schmarrn.
JO: Doch.
LUGGE: Des nenn i a G'spür fürs Hoamkemma, ha?

19. EXT. HOF KATI / WIESE – TAG

Kati zerrt und schiebt den ratternden Balkenmäher durch das hohe Gras unter dem Weidezaun. Sie hat einen roten Kopf auf. Tonis Pick-up scheppert um die Kurve. Auf der Ladefläche stapeln sich die Bretter für die Bar. Hinten dran hängt ein Bieranhänger. Wie die Hühner auf'm Stangerl hocken Toni und Rocky im Pick-up.
ROCKY: Kati! Kenna mir's Klohäusl glei mitnehma?
KATI: Ja freilig, nimms mit!

MAMA KATI: He, he. Da magst aber scho z'erst an Papa fragen, ge!
KATI: Ja, i brings dann selber, wenn der Papa da is.
ANNI: Sag ihr, dass der Lugge wieder da is.
ROCKY: Kati, übrigens, der Lugge is wieder da! Wahnsinn, oda? Bis späda!
Katis Herz rast, sie wird rot im Gesicht. Beginnt zu schweben.

20. EXT. HOF KATI – TAG

Die Stapler-Gabel vom Gabelstapler senkt die Palette mit dem Dixie-Klo schwankend auf den Anhänger. Da steht es jetzt, das Dixie-Klo. Leucht-Türkis und ein bisschen schief. Kati rangiert den Gabelstapler an den folienverpackten Ziegelsteinen zwischen dem Sand- und dem Kieshaufen durch zurück. Dann schiebt und zerrt sie an dem Klo, um es gerade auf dem Hänger zu plazieren, es rührt sich aber keinen Zentimeter. Katis kleiner Bruder Luis parkt den Rasenmäher vor ihr. Standgas.
LUIS: Was machstn mit dem Scheißhaus?
KATI: Ja, mitnehma halt.
LUIS: Ja, woaßt scho, dass der Papa des ned mog.
KATI: Und woaßt wos der Papa a ned mog? Verkloghaferl!
Luis streckt ihr die Zunge raus. Kati zurrt einen Spanngurt oben rum quer und einen längs. Kati wuschelt Luis durchs Haar und versucht, ihn zu küssen.

21. EXT. LANDSTRASSE – NACHMITTAG

Katis Benz mit dem Dixie-Klo auf dem Anhänger fährt durch ein grünes Hügeltal und hinauf auf eine Kuppe. Tief über dem Wald hängt die Sonne. Die Rapsfelder leuchten golden über den Hügelrücken. Ein großer alter Reißer klingt übers Land.

22. EXT. GÜNDINGER LOCH – NACHT

Die Kies-Bucht ist eine Party-Zone. Der Baggersee schimmert im Mondlicht. Bunte Lichterketten hängen am Ufergebüsch und spiegeln sich. Auf ein paar alten Fässern schwimmt ein Steg im Wasser. Am Ufer brennt eine Feuertonne. Fackeln stecken am Wasser entlang im Kies. Über dem Uferpfad hängt ein Transparent: Abi 95: Der Wahnsinn nimmt zu. An einem bunten Indianer-Pfahl hängt ein Kuhschädel. Ein achtarmiger Elefant steht auf einem Hackstock neben dem Bierausschank.
Felix hat Schank-Schicht. Er zapft Bier in Masskrüge, während die Tanderner Jungs um das Feuer hocken. Steve schläft und schnarcht im Sitzen. Rocky hält Annies Hand. Annie tuschelt nebenbei mit ihren Freundinnen, und Rocky wirft ab und zu einen Blick zu Kati. Kati lässt Lugge nicht aus den Augen. Steve klaubt sein Bier auf, zieht eine Fackel aus dem Boden und wankt zum Gebüsch, wo das Dixie-Klo steht. Jo denkt er geht sich wieder ein Bier holen.
LUGGE: Des war dann ganz gut, dass ma ...
JO: Steve, du bist scho voll!
Alle lachen.
STEVE: Gefüllt bin ich, in der Tat. Aber ich werde jetzt ein wenig Raum schaffen gehen, um mich dann wieder dem Akte des Füllens zu widmen. Denn der Raum meine lieben Freunde, ist wie das Universum ...
Da kommen Mike, der Baum und der Alex den Uferpfad herunter, gefolgt von vier BCA-Fussballern. Rocky, Toni und die Jungs hören schlagartig auf zu reden. Nur Lugge lächelt noch.
LUGGE: Kati, da kommt ja dei Freind!
KATI: Des is nimmer mei Freund. Die kemma bloß zum provozieren.
TONI: Wer hattn die eing'ladn?!
ROCKY: Den lass ich noch zamfallen, des Arschloch.

PARTYGAST: Ah, die hau ma weg auf'm Platz.
LUGGE: Was, die BCA-ler? Die spiel'n doch a Klass höher.
ROCKY: Ja, ned wenn's absteig'n, und mir auf!
TONI: Wir haben nächste Woch Delegationsspiel.
LUGGE: Wos, gegen die?
Mike, Alex und der Baum bahnen sich einen Weg an die Bar im Vorbeigehen duellieren sich ihre Blicke mit den Tandernern.
BAUM: He Burschn, saufts amal ned so vui, ge! Sonst habts nächste Woch wieder schware Haxn. Ja, dann müss ma euch zwoastellig naufhaun.
ROCKY: Die woll'n uns mental fertig machen. Aber die werd'n vom Platz grabin, i sag's euch, wie die Würmer!
TONI (zu Lugge): Host du ned no an Pass bei uns, sag amoi?
LUGGE: Ja freilig.
TONI: Ja geil. Du spuist. Ja sauber.
ROCKY: Ja geil.
TONI: Des wird ja doch no was.
ROCKY: Jawoi!
Zustimmendes Gelächter, alle prosten sich zu. Da sieht Kati im Hintergrund Rauch aufsteigen. Kati rennt los.

23. EXT. GÜNDINGER LOCH / DIXIE-KLO – NACHT

Aus dem Gebüsch steigt Rauch auf. Kati kommt zum Dixieklo und hämmert dagegen
KATI: Steve, bist du des? Steve, mach die Tür auf! Oh Mann!
PARTYGAST: Freilig.
Die anderen haben mittlerweile auch mitbekommen, dass etwas nicht stimmt.
JO: Da raucht doch was.
Jo rennt zu Kati, die immer noch an die Tür vom Klohäuschen hämmert.
KATI: Steve, mach die Tür auf.

STEVE: I bin da drin.
KATI: I woaß scho, dass du da drin bist. Da is a Hebel.
JO: Is da der Steve noch drin, oder was?
Plötzlich geht die Tür auf, und ein betrunkener und hustender Steve taumelt heraus.
STEVE (hustend): Ah Lugge, merci. Kimm, i lad di ei. I lad euch alle ein, weil i euch alle untern Tisch sauf.
ROCKY: Wir brauchn an Feuerlöscher!
KATI: Steve du Trottel! Woaßt du überhaupt, dass du grad mei Klohäusl o'zünt host? Des gibt's doch ned! Welcher Trottel nimmt sei Fackel mit zum Scheißn?! Des darf doch ned wahr sei.
JO: Jetzt hörst vielleicht amal des Schimpfn auf und machst lieber was.
KATI: Hey Jo, was soll ich denn bitteschön machen? Soll ichs ausblasn, oder was? Des kann ma nimma ausblasn! Oh Mann! Steve, woaßt du wos i für an Anschiss dahoam kriag?
STEVE: I wui heim.
Jo versucht das brennende Klohäuschen mit Alkohol zu löschen ... Schlechte Idee. Es kommt zu einer kleinen Exlposion, und Jo wird durch den Druck in ein Gebüsch geschleudert.
KATI: Wenn mal oamal was herleiht, echt. Jo! Jo! Hey, is dir was passiert? Jo! Jo!!
PARTYGAST: He, was isn da hinten los? Scheiße!
JO: Jetzt brennts aber g'scheid.
Beide Mädels müssen hysterisch lachen, froh, dass ihnen nichts passiert ist.
ROCKY (zu allen): OK. Wenn ab jetzt jemand muaß: hintern Busch.
Das Dixie-Klo ist mittlerweile nur noch ein schmelzender Plastikbatzen.

24. EXT. GÜNDINGER LOCH / PARTY – NACHT

Ein Baustrahler an Tonis Pick-Up beleuchtet Rocky, Toni und die Jungs von der Klärbeckenkombo auf der Ladefläche. Sie tragen peruaische Hochland-Wollmützen und atomare Erstschlags-Brillen von der Bundeswehr. Hinterm Schlagzeug weht ein Transparent mit der Aufschrift »Klärbeckenkombo«. Der Elvis haut ins Schlagzeug, Toni prügelt seinen Bass, Rocky lässt seine Gitarre heulen. Jo und Kati springen wild herum. Kati reißt die Arme in die Höhe. Ein letztes Gitarrenjaulen, und der Krach verstummt. Rocky bläst mit einer Kindertrompete ins Mikrophon. Elvis tritt in seine Base-Drum. Toni hängt regungslos über seinem Bass: Dumm-Dumm-Dummmm.
ALLE: (Lachen / Klatschen / Johlen)
FELIX: Beste Band?
ALLE: Klärbeckenkombo!!!
Der Elvis rülpst ins Mikrophon. Schnupft. Gelächter.
FELIX: Sehr verehrte Damen und Herren. Liebe Ehrengäste. Es ist der Wahnsinn. Es gibt für uns und für euch heut eine Weltpremiere!!
Alle klatschen und jubeln.
FELIX: Zum ersten Mal in seinem windigen Dasein wird der Toni a Rede haltn!
Alle applaudieren.
TONI: (mit Frosch im Hals) Des is für di, Jo.
Anzügliche Uuuuuu-Rufe ... Toni hängt sich eine Akustik-Gitarre um, Rocky trällert eine liebliche Melodie auf der Querflöte. Dann wird's wieder laut:
LIEDSÄNGER:
Auf Fahrtwind und Freiheit.
Sehnsucht und Liebe.
A Tschik und a Bier.
Und der Vollmond als Wegweiser!

(Gekreische der Fans)
I bin so weit i bin so frei
für die allerbeste Zeit.
Jo steht vor der Bühne. Nachdenklich hört sie ihr Lied an. Eine Hand greift plötzlich nach Kati.
MIKE: Hey Kati, tanz ma?
Mike dreht Kati zu sich herum. Er hat ein Lederband um den Hals. Eins ums Handgelenk. Ein lockeres T-Shirt, z'rissene Jeans.
KATI: Mike, hast du an Vogel oder wos??
MIKE: Ja, freilig.
KATI: Naa. Bestimmt net.
Kati schlängelt sich aus Mike's Armen und geht zu Jo zurück.
LIEDSÄNGER:
I bin so weit, dass mi grad g'freit
wenn der Deifi mi heit reit.
(Kreischer)
(Lied geht ganze Szene über weiter im Hintergrund)
Auf Fahrtwind und Freiheit
Sehnsucht und Liebe
a Tschik und a Bier.
Und an Vollmond als Wegweiser!
Auf Fahrtwind und Freiheit
Sehnsucht und Liebe
a Tschik und a Bier.
Und an Vollmond als Wegweiser!

Bin so weit
bin so frei.
Für die allerbeste Zeit.
Für die allerbeste Zeit.
Für die allerbeste Zeit.
Für die allerbeste Zeit.
Für die allerbeste Zeit.

Auf Fahrtwind und Freiheit
Sehnsucht und Liebe
a Tschik und a Bier.
Und den Vollmond als Wegweiser

Hey Jo
Sehnsucht und Liebe
a Tschik und a Bier.
Und an Vollmond als Wegweiser!

Lugge steht plötzlich neben Kati. Kati zieht nervös die Ärmel ihres Pullis über die Hände.
KATI: Und, g'foits da wieder dahoam?
LUGGE: Schee is'. Wie war's im Abitur?
KATI: Aa schee. Also guad.
Lugge lächelt, dreht sich um und geht zum Ufer. Dort sind manche Biertragl kühlgestellt. Er nimmt sich ein Bier raus. Kati beobachtet ihn und beschließt anzupacken. Sie geht zu ihm hinüber. Jo beobachtet das.

25. EXT. GÜNDINGER LOCH / UFER (STEG) – NACHT

Kati tut so als ob sie auch nur ein Bier holen möchte.
KATI: An Durscht hob i.
Sie bekommt ein Bier.
KATI: Danke.
LUGGE: Prost.
KATI: Prost. Komisch, oder? Du kimmst hoam und mir fahr'n furt.
LUGGE: Der Rocky hat was g'sagt, dass ihr auf Weltreise geht's.
KATI: Ja. Is scho a krasser Zufall irgendwie. Mir machen quasi des gleiche, bloß wann anders.

25 A. EXT. LUGGES HEIM/ BAUWAGEN

Kati und Lugge liegen auf dem Bett.
KATI: Warum wohnstn du da eigentlich, Lugge?
LUGGE: Ois andre wär a nausg'schmissns Geld. (Räusperer) In zwoa Monat hau i eh wieder ab.
KATI: Ja. Die Jo und i packens nächste Woch a scho.
LUGGE: Hmmm.

26. EXT. GÜNDINGER LOCH / PARKPLATZ – MORGEN

Die Vögel pfeifen. Vom Ufer her hört man Aufräum-Geräusche. In den Autos auf der Wiese schlafen noch alle. Rocky kocht Kaffee auf einem Gas-Kocher auf seinem Camping-Tisch. Kati ist wieder auf dem Festgelände und geht zu Tonis Pick-Up, auf dessen Ladefläche Toni und Jo schlafen.
KATI: Guten Morgen! Aufsteh'.
JO: Nhnnn.
KATI: D'Sunna scheint.
JO: Mmm.
KATI (lacht): Magst amoi dringa?
Kati hält Jo einen Becher Kaffee hin. Jo trinkt einen Schluck.
JO: Mhmmm. Oah, danke. Wo is'n der Lugge
KATI: Im Bauwagen wahrscheinlich.
JO: Und? Fahr'ma no?
KATI: Na logisch. – Warum ned?
JO: Na, war's nicht die Nacht der Nächte?
KATI: Naa. Von Mexiko hat er erzählt.
JO: Des wär mal was ganz was neues.Und sonst nix?
KATI: Nix.
JO: Nix?
KATI: Na, nix.
JO: Was fehlt'n dem?? Mmmh.

27. EXT. HOF KATI – TAG

Katis Benz fährt in den Hof. Hinten dran hängt der Anhänger mit den verkohlten Resten des Dixie-Klos drauf. Kati steigt aus. Katis Papa kommt auf sie zu.
KATI: Griaß di.
VATER KATI: Was is'n des?
KATI: Des Klohäusl.
Katis Vater schaut zu der Stelle, wo das Klo gestern noch war. Der Papa hebt das verbogene Plastikteil hoch und lässt es wieder fallen. Er wedelt den Gestank von seiner Nase weg.
VATER KATI: Unser's?
KATI (kleinlaut): Ja.
VATER KATI: Was is'n da passiert?
KATI: Es is abbrennt.
Kati bückt sich nach einem Plastiktrumm am Boden. Der Papa hebt noch einmal den verschmorten Klumpen hoch.
VATER KATI: Abbrennt. Braucht mi jetzt überhaupt keiner mehr frong? Woaßt du wos des kost? I hob doch koan Geldscheißer!
KATI: Ja mei, dann zahl ichs dir halt.
Kati kurbelt das Stand-Radl des Anhängers runter. Der Papa stapft in die Garage. Mit seiner Aktentasche und einen Arm voll Bauplänen kommt er zurück und marschiert zum Haus.
VATER KATI: Zoin! Du! Ja, von was denn?
KATI: Jetzt sag halt dann, was' kost'!
Der Papa winkt ab.
VATER KATI: Ah!
KATI (schreit): Geld, Geld, Geld! Immer bloß Geld! Und wenn's 5000 Mark kost, dann zahl i's dir a!
VATER KATI: Plärr' du da net rum!
Der Papa verschwindet im Haus. Kati reißt zornig die Anhänger-Bremse an.

28. I/E. SCHULE / PARKPLATZ / BENZ – NACHMITTAG

Zeitsprung über eine Woche.
KATI: Geh, jetzt mach di net so fertig, Jo! Sogar der Elvis hat as Abitur.
JO: Hm. Dein Wort in Gottes Ohr!
Die Glorreichen Zwei steigen aus dem Benz und gehen auf den Haupteingang zu. Dem Hausmeister begegnen sie und würdigen ihn mit einem ironischen Knicks.
KATI/JO: Guten Morgen sehr verehrter Herr Matzinger.
Dieser tippt sich an die Stirn

29. INT. SCHULE / GANG – MORGEN

Kati und Jo hocken vor dem Zimmer 271 auf dem Boden. Nadelfilz mit Metallfäden. Jo sticht ihre Hand damit. Gertraud Stich, Steffi Obermeier, Anita Wöhrle und Markus Sedlacek aus Jos und Katis Klasse sitzen sauber aufgereiht auf Stühlen an der Wand. Kati kommt aus dem Zimmer 271. Sie kann sich ein Strahlen nicht verbeißen.
Sie zeigt Jo ihre Gesamtnote.
JO: Und?
Beide lachen glücklich.
JO: Boah leck, oans simme, des gibt's ja gar net!
KATI: Ja, Wahnsinn.
FRAU BLUMENREICH: So, die Frau Rieblinger bitte.
JO: Gott.
KATI: Hopp, jetzt geh eini.
FRAU BLUMENREICH: Bitte.
Jo ist nun dran und geht hinein.

30. INT. SCHULE / ZIMMER 271 – NACHMITTAG

Der Herr Direktor sitzt breit an seinem Pult. Rechts neben ihm Frau Blumenreich mit ihrem schmalen Lächeln. Links neben ihm Frau Mayer-Rohr. Jo fläzt sich auf den Plastikstuhl.
DIREKTOR: Ja, Josefine ... Des tut mir jetzt Leid, aber bei Ihnen reicht's nicht ganz.
Jo's Augen werden groß und dunkel. Sie schluckt.
JO: Ja, das hab ich mir schon fast gedacht.
Frau Mayer-Rohr gibt Jo ihren Notenspiegel in die Hand.
DIREKTOR: Des is schad'. Wenn ich mir des anschau. 14 Punkte in der Facharbeit.
FRAU MAYER-ROHR: Mensch, das war doch wirklich ne hervorragende Arbeit. Da sieht man doch, dass d'es kannst Josefine.
Jo rückt ihren Stuhl zurück.
DIREKTOR: Ich geb Ihnen jetzt gleich die Termine für die Nachprüfung. Des is Montag, Mittwoch und Donnerstag nächste Woch'. Und dann ham S'es a.
Jo hört den Direktor nur als Hall.
Sie steht auf, nimmt ihren Notenspiegel ab und geht zur Tür. Sie lächelt ihre Lehrerin an.
JO: Frau Blumenreich, Herr Trapp, Frau Meyer-Rohr, lassens es gut sein. Wiederschaun und danke für ois.
Hinter Jo fällt die Tür zu.

31. EXT. SCHULE / PARKPLATZ – NACHMITTAG

Kati rennt hinter Jo her zum Benz.
KATI: Des gibt's doch ned! Scheiße. – Und jetz?
JO: Jetza, jetz fahrn ma nachPortugal.
KATI: Aber – gibt's koa Nachprüfung?
JO: Die kenna mi kreuzweis! Die Schui die siehgt mi nie wieder.

Jo zeigt dem Schulgebäude einen Vogel.
KATI: Hej, du spinnst doch komplett.
JO: Mir fahr'n. Ohne Kompromiss!
KATI: Jetz wart' ma halt no fünf Tag'. Du machst die Nachprüfung, und dann fahr'ma.
JO: Naa! Weil wenn wir die fünf Tag warten, dann woaß i, dass wir nie fahr'n, und dann end' ma wie die Blumenreich!
KATI: Aber des gibt's doch net, Jo. Des is doch net so schwer, des g'schissene Abitur. Sogar der Elvis hat as ...
JO: Ja sogar der blöde Elvis hats g'schafft! Und warum soll i's beim nächsten Mal schaffen? Da schau i mir lieber d' Welt o, bevor i mir den Scheißdreck nomoi gib!
KATI: Prüfungsangst hast. Des is alles!
JO: Und des woaßt dann du!
KATI: Mensch Jo, du kannst doch net alles aufgeben.
JO: Doch Kati, des kann i.

32. I/E. SCHEUNE/TONIS HAUS – NACHMITTAG

Jo hat ihr Auto vor der Scheune geparkt und kommt auf Toni zu, der gerade die Kühe versorgt.
JO: Toni, mir miaß'n des anders machen.
TONI: Wos?
JO: Wer woaß, was in am Jahr is. In am Jahr kann ois anders sei.
TONI: Wieso?
JO: Mei, i kann dir nix verspracha. Man verspricht sich halt nix für so a lange Zeit.
Damit hat Toni nicht gerechnet.
TONI: Aha.
JO: Was?
TONI: Ja, wuist Schluß macha?
JO: Naa. Des verstehst du net.

TONI: Was versteh' i ned? I bin fei ned total auf der Brennsupp'n daher gschwomma, gell!
JO: Toni, Liebe is a Illusion. Es kimmt der Tag, da wärst du Schuld, dass ich unglücklich bin, weil i mei Leben ned g'lebt hab. I wär' dei G'fängnis und du wärst mein's.
TONI: G'fängnis. A so hab i des a no nie g'sehn.
JO: Duad ma Leid!

33. INT. SPARKASSE / SCHALTER – TAG

Vorsichtig legt Kati ihr Sparbuch in die Drehschüssel. Sie unterschreibt den Sparkassen-Beleg und schiebt ihn unter der Glasscheibe durch.
Elvis steht auf der anderen Seite der Glasscheibe am Schalter. In Sakko und Krawatte. Roland Stieglitz steht auf seinem Namensschild. Elvis zählt auf seiner Seite der Scheibe die Geldscheine in die Drehschüssel
ELVIS: Oans, zwoa, drei, vier, fünf, sechs, sieben, acht, neun, zehn. Eintausend.
Oans, zwoa, drei, vier, fünf, sechs, sieben, acht, neun, zehn. Zwoatausend.
Oans, zwoa, drei, vier, fünf, sechs, sieben, acht, neun, zehn. Dreitausend.
Und zweiundzwanzig fufzig.
So, bittesehr. Dann is eh alles vorbei, ge!
Kati schluckt. Elvis dreht die Drehschüssel. Klack-klack. Jetzt hat er das Sparbuch. Mit einer großen Schere schneidet er das Sparbuch durch.
Kati hat 3322,50 DM in der Hand. Die Hälfte schiebt sie in die Hosentasche, die andere Hälfte steckt sie in ein Kuvert. Elvis lächelt sein Sparkassen-Lächeln.
KATI: Pfiade.
ELVIS: Pfiade.

34. EXT. HOF JO – NACHMITTAG

Zwei Benz stehen im Hof. Unter dem Vordach liegt auf dem Boden ausgebreitet: Eine große Holzkiste mit Werkzeug. Zwei Rucksäcke, zwei Schlafsäcke, zwei Luftmatratzen, eine Luftpumpe, ein Zelt, ein Regenschirm, eine Gitarre. Verbandskasten. Malaria-Tabletten. Eine Plastiktüte voller Kassetten fürs Autoradio.
Die Mädels packen alles, was geht, in den Kofferraum von Katis Benz. Vorn rechts steht der Benz auf dem Wagenheber, der Reifen fehlt. Die beiden sind immer noch mit einräumen beschäftigen.
KATI: Moanst, die Kohle langt uns?
JO: Ah, Kohle, des is doch des wenigste was zählt. Oder magst du in Hotels übernachten und Croque Monsieur frühstücken?
KATI: Na Schmarrn.
VATER JO: Du Jo. Aber des oane muaß i dir schon no amoi sagn.
Walter rollt den Reifen aus der Werkstatt und wuchtet ihn auf Jo's Benz.
JO: Na, Papa. I mach koa Nachprüfung net.
VATER JO: Des moan i doch net. I moan des Auto. Der Karrn is vollkommen im Arsch. Wollts net noch a paar Tag dableibn? Dann kannt ihn der Toni richt'n.
Jo schaut Kati an.
JO: Papa, an Toni kann i nimmer fragen.
VATER JO: Ja, na dann. Habts wenigstens Kühlwasser und Öl nachg'schaut? Reifendruck?
KATI: Na, no net. Aber des macht der Rocky dann no.
In dem Moment schreit Regina bei der Haustür hinaus:
MUTTER JO: Woooitaaaaa!
VATER JO: Ah von mir aus.
MUTTER JO: Walter! Telefon. Der Silbermüller Manfred von der Zeitung wegen am Aufstiegsderby.

VATER JO: Ja, geh her do.
Jos Vater geht ins Haus und will beim Vorbeigehen seine Frau umarmen ...
MUTTER JO: Dua deine Händ weg! Die san ja ganz dreckat!
Rockys BMW röhrt die Dorfstraße herauf. Er parkt und steigt aus. Er trägt seine Rot-Kreuz-Uniform. Rocky drückt Kati den Straßenatlas aus seinem Auto in die Hand.
ROCKY: Servus Mädls! Also, das stehn alle Telefonnummern drin. Wenn was wär, ge!
JO: Suppa.
KATI: Cool, danke!
ROCKY: Also. Ich hasse Abschiede. Pfiads euch. Ah.
JO: Pfiadi.
ROCKY: Machts es gut.
KATI: Pfiadi Rocky.
ROCKY: Ah, ciao.
Die beiden Mädels schauen sich an ...
KATI: Äh. Du, Rocky! Wegen dem Kühlwasser zum auffüllen, darf i jetzt da normal's Wasser nehma, oder is des eher schlecht?
JO: Und beim Öl. Zählt jetzt da der obere oder der untere Strich?
ROCKY: Mensch Mädels.
Schon schaut Kati nicht mehr ganz so souverän aus. Tatkräftig geht Rocky um das Auto und überprüft alles Wichtige.
ROCKY: Reifenprofil. Passt. Scheibenwischer. Passt. Boah. Bremsen passen. Kühlflüssigkeit. Passt. Keilwärmer Passt. Oah. Passt. Bremsflüssigkeit passt a. Guat. Müssat alles passen.
KATI: Suppa.
JO: Ja, dann mach ma jetzt a Testfahrt.
KATI: Suppa, komm!
ROCKY: Äh.
Jo setzt sich ans Steuer, Kati und Rocky hocken sich vorne

rein. Der Benz macht einen Satz über den Hof und schießt dröhnend aus der Einfahrt. Die Spritzschutzgummis schleifen am Boden.

35. EXT. FELDWEG – ABEND

Katis Benz biegt mit scharrendem Spritzschutz von der Straße in einen Feldweg. Das Auto hoppert und scheppert.
ROCKY: Übrigens …
JO: Boah, is des Lied geil, oda?
KATI: Von wem hastn du des?
JO: Von meinem Bruder glaub i.
ROCKY: Übrigens …
KATI: Jo, wo fährst'n denn jetzt hi?
JO: Jetzt mach ma an Auffahrtest.
KATI: Was?
JO: An Auffahrtest. Savanne und so. Was moanst, wo wir da überall hifahrn müssn?
Jo gibt Gas. Kies spritzt von den Reifen. Der frisch polierte Benz brettert in einer Staubwolke über den Feldweg.
Da sagt Rocky:
ROCKY: Übrigens: Mei' Freundin is schwanger.
KATI: Wos?! Wie schwanger?
Jo legt eine Vollbremsung hin. Der Benz schlittert auf dem staubigen Weg.
ROCKY: Ja mei, schwanger halt.
KATI: Wie is na des so schnell ganga?
JO: Ah, Kati. Was machstn du da jetzt?
ROCKY: Ja mei, i werd halt dahoam d'Firma übernehmen, wir können ja unterm Dach ausbaun und irgendwie werds scho geh.
JO: Ah, um Gottes Willen.
KATI: Na Rocky, des wird scho. Kinder san wunderbar.

Jo wirft Kati einen entsetzten Blick zu. Katis Blick ist mindestens genauso entsetzt.
ROCKY: Hm, mir ham halt hint' und vorn kei Kohle.
KATI: Mit der Firma verdienst dann scho g'nua ...
JO: Rocky, du wollst doch nie Heizungsbauer wer'n.
ROCKY: Ja, mei. S'kimmt wie's kimmt.
Der Benz fährt über den Daumiller Berg nach Tandern zurück. Ein Bild der Idylle. Der Kirchturm, weisse Wolken, der hell- und dunkelgrüne Wald, ein Bussard kreist im Himmel.

36. INT. JO'S HOF – MORGENDÄMMERUNG

Vor dem Haus wird Jo von ihren Eltern verabschiedet.
MUTTER JO: Und tuts schee langsam fahrn, ge!
JO: Mama, des hast jetzt schon zehn Mal g'sagt. Mit der Kati ihrem Benz kann ma gar net schnell fahrn.
MUTTER JO: Ja, aber du weißt, wie schnell was passieren könnt.
JO: Uns wird schon nix passieren.
MUTTER JO: Und Madl. Habts net immer in jeden, der euch übern Weg läuft a solchenes Gottvertrauen.
JO: Mama, is scho guad.
VATER JO: So, mei Große. Jetzt is soweit. Ihr machts des scho. Do schau her. Zum Tanken oder wenn was is, ge.
Jos Vater gibt ihr für die Reise etwas Geld.
JO: Oah, danke.
VATER JO: Also.
JO: Also dann. Servus.
MUTTER JO: Pfiadi.
Sie steigt in ihren Benz und fährt los. Jos Mutter läuft aufgebracht ins Haus zurück. Der Abschied nimmt sie sehr mit.
MUTTER JO (zu ihrem Mann): Ich versteh net, wieso du des Madl einfach so wegfahrn lasst. In a paar Tag hätts Nach-

prüfung g'habt. Und wenn ihr was passiert, koana hilft ihr. I versteh des net, i versteh des überhaupt net.

37. EXT. HOF KATI – MORGENDÄMMERUNG

Katis Benz ist voll gestopft bis über die Fenster. Jo wartet auf dem Beifahrersitz. Ihr Mercedes steht im Hof.
Kati klebt ein Kuvert ans Garagentor: Dixie-Klo steht drauf.
Sie hat ihren Teddybär und einen Gummihammer unter den Arm geklemmt. Katis Mama, im schillernden Morgenmantel, kommt aus dem Haus.
MAMA KATI: Und duads ma fei net glei in irgend so a Schiff steign! Is erst wieder eins unterganga. Wetter hams a schlecht og'sagt.
KATI: Ja, in Tandern.
MAMA KATI: Pfiade.
KATI: Pfiade.
Die Mama wischt sich über die Augen. Luis hat noch den Schlafanzug an. Der Papa mustert Katis Auto.
VATER KATI: Was habtsn da ois dabei? Da lassn euch ja garnet über d'Grenz rüber.
Die Mädels lachen. Der Opa steckt Kati heimlich einen 100er in die Hand. Seine Hände zittern.
OPA: Da schau her, für's Maut.
KATI: Aber wir fahr'n kei Autobahn, Opa.
JO: Wir wolln was sehn von der Welt.
OPA: Ja dann kafft's euch halt a Pizza.
KATI: Danke. Pfiade.
Kati gibt dem Opa ein Bussi auf die Backe. Der Opa grinst bis zu den Ohrwascheln.
VATER KATI: Glei bis zum Atlantik. I woaß net. Mit dem Auto. Fahrst halt zum Gardasee. Da is a schee.
KATI: Ja, Papa.

VATER KATI: Da schau her. Könnts ihr noch Tanken.
Auch der Papa drückt Kati heimlich einen 100er in die Hand.
JO: Oh, danke. Servus.
MAMA KATI: Rufts fei o, wenns in Italien seits!
Die Mädels fahren vom Hof. Auch Katis Mutter ist traurig und klagt ihren Mann vorwurfsvoll ab:
MAMA KATI (zu ihrem Mann): Wie kannstn du die fahrn lassn?

38. EXT. LANDSTRASSE

Die beiden Mädels sitzen im Benz.
JO: Jetzt geht's looos!
KATI: Du fahrn ma noch schnell beim Lugge vorbei.
JO: Naa.
KATI: Nur ganz kurz.
JO: OK.

39. EXT. SANDGRUBE / BAUWAGEN – MORGENDÄMMERUNG

Katis Benz rollt ohne Motor den Feldweg herunter. Im Bauwagen in der Sandgrube ist alles dunkel. Kati läuft die letzen Meter in die Sandgrube und klemmt vorsichtig einen Zettel an die Tür des Bauwagens.
KATI (V.O.): Wenn ich deinen Namen
1000 Meilen weg von dir
flüstern würde
In den Wind
In Kanada auf einem Berg
In Afrika in einem Ruderboot
Wirst du mich hören?

Über Meere und Himmel und
Fernsehtürme
könnt' ich dich küssen.
Wenn du willst.
Das müsst' ich bloß wissen.
 Leise schleicht Kati zurück auf den Feldweg und steigt in den Benz. Sie lässt möglichst leise den Motor an und wendet auf der Wiese. Es rumpelt und dröhnt unter dem Benz. Lugge macht schlafdamisch die Tür auf. Den Zettel sieht er nicht, den weht der Wind davon.

40. EXT. LANDSTRASSE – MORGEN

Katis Benz fährt über die Hügel ins Morgenlicht hinein, den Bergen entgegen, die man weit weg am Horizont leuchten sieht.
 Kati hält das Lenkrad fest. Sie atmet durch. Jo grinst. King of the road. Jo reißt das Fenster auf, hängt ihr Gesicht in den Fahrtwind. Kati schaut zurück ins Hinterland. Heimweh.

41. EXT. LANDSTRASSE / VORALPENLAND – TAG

Jo lehnt lässig hinterm Steuer. Kati schaut verträumt aus dem Fenster. Auf dem Wendelstein liegt noch Schnee.
 KATI und JO (singend): Drunt in der greana Au steht a Birmbam schee blau
Juhe
Drunt in der greana Au
steht a Birmbam schee blau
KATI:
Geil, jetzt san ma echt unterwegs! I kanns no garnet glauben.
JO: I a net. I hab an kurzen Moment dacht, dass du dahoam bleibst wegam Lugge.
KATI: Wegam Lugge? Warum na?

JO: I woaß net ... aber ... für mi hat des scho so ausg'schaut, als ob du den noch ganz gut findst.
KATI: Na, Schmarrn. Des is doch scho lang vorbei.
JO: Ja da kannst froh sei. Mei Bruder hat erzählt, dass der auf seiner Weltreise a jede g'maust hat, die nicht bei drei aufm Baum war.
KATI: Des glaub i net.
JO: I a net. Des is doch a laare Hosn.
KATI: Du Jo, es kimmt net immer auf d'Hosn drauf o, sondern auch vielleicht amal auf die inneren Werte.
JO (lacht): Ja.
KATI: Ja!
JO: Des kommt vom Abitur. Des muaß jetzt ois anders werden.
KATI: Es wird vielleicht echt ois anders werden, wenn wir wieder dahoam san.
JO: I glaub mir kenna gar net lang gnua weg sei.
KATI: Aaaaaaaaah!
Die Mädels lachen.

42. EXT. GRENZE – TAG

KATI: Servus.
GRENZBEAMTER: Servus. Einmal die Pässe bitte. Haben Sie was zum verzollen?
KATI: Na, i glaub net. Also net.
GRENZBEAMTER: Wo soll die Reise denn hingehn?
JO: Des wiss ma no net.
GRENZBEAMTER: Na dann, gute Weiterfahrt.
KATI: Dankeschön.
Der Grenzer winkt durch. Jo steigt aufs Gas. Der Benz scheppert durch die Schranke. Die Bundesstraße schlingt sich um das scheußliche graue Brenner-Dorf herum, direkt ins gelobte Land.

JO: Servus. Italiaaaa!
Der Süden schimmert weißgold vor ihnen. Jetzt geht's nur noch bergab, nach Italien.
KATI: A bisserl sonniger hätt ichs mir vorgestellt.
JO: Kannst es glei aufschreibn.
KATI: Ah, genau.

43. EXT. STRASSE / GRENZE – TAG

Ra--tta--taaamm! Macht es nach ein paar Metern unter dem Auto. Ein mittelgroßes Metallteil schlingert unter dem Benz heraus. Das Auto dröhnt auf einen Schlag ohrenbetäubend laut. Die Mädels tauschen einen langen, stirngerunzelten Blick. Kati späht aus dem Fenster am Auto entlang.
KATI: Oah, leck! War des a tragendes Teil?
JO: Des kann eigentlich bloß der Auspuff g'wesn sei.
KATI: Fahr doch mal schnell rechts eini.
Jo fährt rechts an den Straßenrand. Kati steigt aus und hält Ausschau nach dem verlorenen Metallteil.
KATI: Oah, naa!
JO (düster): Auspuff.

44. EXT. ITALIENISCHES DORF

Der Benz fährt duch das vom Durchgangsverkehr gezeichnete, greislige Dorf an der Brenner Bundesstraße. Die Fassaden der Häuser sind grau.
Zwei alte Frauen schauen aus der Tür des Gemischtwarenladens. An einer schwarzen Hauswand hängt ein Schild: Albergo/Pension. Sonst rührt sich nichts.

45. INT. AUTOWERKSTATT / ITALIEN – TAG

Die Hebebühne mit dem Benz drauf fährt nach oben. Der Auspuff liegt neben Kati und Jo am Boden. Giuseppe wirft nur einen Blick unters Auto. Mit seiner ölschwarzen Hand kratzt er sich besorgt am Ohr.
GIUSEPPE: Oh, oh, oh. Ja des rentiert sich nimma da. Ah, hier vorn rechts bricht euch ja der Stoßdämpfer bald aus, durchgerostet. Und die Bremsen du, die kannst wirklich vergessen, du.
Kati und Jo wechseln einen entsetzten Blick.
JO: Bremsen. Der Rocky hot doch g'sagt die Bremsen passen.
KATI: Ja, der Rocky!
GIUSEPPE: Koste quante. 500 000 sind da schnell beinand.
KATI: Was?
JO: Lire, Kati.
Stille kehrt ein. Die Mädels blicken zum Unterboden des Benz hinauf. Giuseppe kehrt derweil seine Werkstatt aus.
GIUSEPPE: Alore Senniorine. Was mach ma?
JO (fest entschlossen): Richten.
GUISEPPE: Oh, oh, oh. Ja schmeißn doch weg, den alten Karren da. Ah, ah, ah.
KATI (ihn nachäffend): Öhö, öhö, öhö.

46. EXT. ITALIENISCHES DORF - ABEND

Im Hindergrund brummt die Bundesstraße. Jo und Kati schleppen ihre Rucksäcke in die Pension. Jo voraus, Kati hinterher.
KATI: So, jetzt hamma noch knapp tausend Mark. Da komma vielleicht grad noch bis auf Spanien.
JO: Kati, was moanstn du wie lang, dass ma unterwegs san? Die Kohle langt so und so net. Und wenns aus is is aus. Dann müss ma halt irgendwo bleiben und arbeiten.
KATI: Ja, stimmt. Hast a wieder recht.

Die Mädels gehen durch das Dorf.
JO: Grüß Gott!
ALTE DAME: Grüß Gott.
Sie kommen an einer Pension an und gehen rein.
VERMIETERIN: Grüß Gott.
JO: Wir bräuchten a Zimmer.
VERMIETERIN: Ah ja, i hab g'hört. Euch is Auto verreckt.

46. A EXT. BRENNER-DORF / PENSION

Auf dem Balkon ihres Zimmer sitzen sie später am Abend und spielen Karten und essen ...
KATI: Magst a a Stückl?
JO: Hmm.
Jo würfelt ...
JO: Vier Sechser.
KATI: Is g'logn, aber ich glaubs dir.
JO: Dann schau halt nach, wenn dus nicht glaubst.
KATI: Des wird jetzt getoppt.
JO: Hmm.
KATI: Sechserpasch.
JO: Sechserpasch? A Vereck!
KATI: Is des einer?
Beide Mädchen brechen in lautes Gelächter aus.

47. EXT. AUTOWERKSTATT – MORGEN

Kati und Jo sind frisch geduscht. Sie klopfen am Tor der Autowerkstatt. Stille. Jo wirft ein Steinderl ans Fenster im ersten Stock. Auch da rührt sich nichts. Kati geht derweil über die Straße zur Telefonzelle. Da kommt Giuseppe von der Bar daher geradelt.
GIUSEPPE: So Senniorine. Der Auspuff passt.
JO: Hmm.

GUISEPPE: Die Ersatzteile san noch net g'liefert worden.
KATI: Ja, und was hoaßt des jetzt?
GUISEPPE: Ja morgen oder übermorgen.
KATI: Hmm.
JO: Ja, des is ja blöd.
GUISEPPE: Ihr seids doch nicht auf der Flucht, oder?
KATI (lacht): Na, eigentlich net.
JO: Stimmt a wieder.
GUISEPPE: Ja dann.
JO: Ja. An scheena Tag no.
GUISEPPE: Ja.

47.A EXT. BRENNER-DORF / WIESE

Die Mädels liegen lachend in einer Wiese.

47.B EXT. BRENNER-DORF / PENSION

Wieder sitzen die Mädels abends auf dem Balkon und spielen Karten.
JO: Des war a Sechserpasch.
KATI: Oh Scheiße!!
Der Rest geht in lautes und fröhliches Lachen unter ...
Später liegen die beiden in ihren Betten.
KATI: Jo?
JO: Mhm?
KATI: Hast du auch manchmal so Angst?
JO: Wovor?
KATI: Wenn einem ois so unwirklich is und man gar nimma woaß, wo ma bleibt.
Jo schaut sie lange und nachdenklich an.
JO: Des kenn i total guad.

48. EXT. BRENNER-DORF / TELEFONZELLE – TAG

Kati telefoniert mit ihrer Mutter.
KATI: Na Mama, mach i net. Hab i no koane. Gibst ihm bitte a Bussi von mir, ge! I ruf dann am Abend noch mal o. Ja. Pfiadi.
Kati hängt langsam den Hörer ein. Sie sieht Jo vor der Autowerkstatt auf einem Camping-Stuhl hocken. Zwei Steckerleis baumeln zwischen ihren Fingern, und die Landkarte von Südeuropa ist vor ihr auf einem Tischchen ausgebreitet. Neben ihr hockt Giuseppe, grinst charmant, gestikuliert ausladend und zeigt immer wieder auf die Landkarte und zum Tal hinaus. Kati geht langsam zu den beiden hinüber.
GIUSEPPE: Und wenn der richtige Moment da is, dann hebst di a in Himmi. A supergeils Gefühl. Hahaha.
JO: Boah krass. Kati! Und des gangat heut no?
GUISEPPE: Ja natürlich heit no.
JO: Dem Guiseppe sei Bruder, der hat a Drachenfliegerschule. Der dat uns heut noch zum Supersonderpreis mitnehma.
GUISEPPE: Ja, der nimmt euch mit. Huckepack.
Jo lacht begeistert. Sie schaut zu Kati, da vergeht ihr das Lachen.
JO: Was is los?
KATI: Am Opa gehts net guad.
Wie ein geprügelter Hund schaut Kati die Landkarte an. Auf der Brenner Bundesstraße fahren die Autos und LKW vorbei Richtung Süden. Jo reicht Kati das Steckerleis.
JO: Wie, net guad?
KATI: Zamg'haut hat's ihn.
Jo faltet langsam die Landkarte zu. Es ist bloß ein Knick im Papier, aber der fällt ihr schwer. Giuseppe steht auf und zieht seinen Werkstatt-Schaaber an.
JO: Giuseppe, mir brauchen des Auto.
GIUSEPPE: Was?

JO: Des Auto brauch ma.
GUISEPPE: Wann?
JO: Jetzt.
GUISEPPE: Mit den Bremsen kann ich euch nicht fahren lassn, Madln.
JO: Es hilft nix!
GUISEPPE: Bei euch kannt man ja das Maul fusslig reden.

49. EXT. AUTOWERKSTATT / BENZ – TAG

Kati steht still neben dem Benz. Jo stopft ihre Landkarte hinter den Fahrersitz. Ganz zerknüllt flackt Südeuropa jetzt im Fußraum.
KATI: Oh Mann, Jo ...
JO: Is doch logisch.
KATI: Wenns am Opa wieder besser geht, dann fahr ma glei wieder los. Ich versprich's dir.
GUISEPPE: Und wenns dahoam seits, dann schmeißtsn endlich weg den alten Karrn!
Jo gibt Gas. Der Benz rußt und brüllt wie ein Löwe. Aber er fährt. Hinter ihnen winkt Giuseppe.

50. EXT. HOF KATI – NACHMITTAG

Katis Weltreise-Benz fährt in den Hof. Ein Krankenwagen steht im Hof vor dem Haus. Daneben ein Notarztwagen. Kati springt aus dem Auto und sieht gerade noch, wie der Opa von Rocky und einem anderen Sanitäter auf einer Trage in den Krankenwagen geschoben wird.
OPA KATI: Griaß di, Kati. Bist wieder da?
KATI: Opa? Was isn jetzt da los?
MAMA KATI: Ja, die nehmen ihn jetzt erst amal mit. Die wollen auf Nummer sicher geh.

Katis Papa und der Notarzt erscheinen in der Tür.
VATER KATI: Pfiadi Schorsch.
SCHORSCH: Also, Pfiadi.
Der Notarzt steigt in sein Auto und fährt davon. Klein und grau sieht das sonst so lustige Gesicht aus. Ein routinierter Schub an der Bahre, und der Opa ist im Krankenwagen. Rocky macht die Tür des Krankenwagens zu.
ROCKY: Kati, des werd scho.
KATI: Rocky, derf i mitkemma?
MAMA KATI: Jetzt bleibst erst amoi da.
KATI: Rocky!
Rocky steigt in den Krankenwagen und fährt los. Nach zwei Metern hält er an und macht die Beifahrertür auf. Kati springt in den Sanker. Rocky fährt mit Blaulicht vom Hof.
VATER KATI: Um is. Mir genga nei.
MAMA KATI: Ich pack seine Sachen zam.

51. EXT. DAUMILLER BERG – ABEND

Auf dem Daumiller Berg steigt Jo aus ihrem Benz. Sie geht ein paar Schritte, schaut über die Hügel.
JO: Servus Tandern.
Jo schanuft laut aus und setzt sich auf den Kofferraum. Als könnte sie's nicht glauben, dass sie wirklich wieder da hockt, schüttelt sie den Kopf. Diesem Kaff kommt sie nicht aus! Das gibt's doch nicht!

52. EXT. FELDWEG / DAUMILLER BERG – ABEND

Jo fährt vom Daumiller Berg auf Tandern zu. Plötzlich bremst sie. Sie fährt zurück und sieht in einer von Gebüschen und Bäumen umsäumten Einbuchtung Tonis Pickup stehen. Jo geht langsam auf Tonis Auto zu. Sie schaut durchs Fenster und kann nicht glauben, was sie da sieht: Toni, den Kopf zur Seite geneigt, schmust mit Nina. Nina sieht Jo, und schiebt Toni hektisch von sich.
JO: Ey Toni? Toni!
Jo klopft an die Windschutzscheibe. Toni schaut auf. Verwirrt starrt er Jo an. Dann kurbelt er das Fenster runter.
TONI: Jo! Was machstn du da?
JO: I dat amal sagn, die Frage ist, was du da machst.
TONI: I ... es duad ma Leid.
NINA: Mir a.
JO: Ja. Mir a.
Jo wirbelt herum und rennt zu ihrem Auto. Toni krabbelt hektisch aus dem Führerhaus.
TONI: He Jo! Des ... des war a Reflex!!
JO: A Reflex!
TONI: (schreit Jo nach) I hob di halt vermisst. Deswegen!
NINA: (schreit) Des stimmt wirklich. Der war total traurig! Da hat er mir leid do. Nix weiter!
Toni dreht sich zu Nina um.
TONI: Scheiße.

53. EXT. HAUS JO – ABEND

Jo schlägt wütend die Autotüre zu.

54. I/E. HAUS JO – ABEND

Jo sperrt die Türe auf. Ihre Mutter steht beim Weißeln im Hausgang. Ihre Hände und ihr Hemd sind voller Farbkleckse. Jo zerrt ihren Rucksack.
MUTTER JO: Ja, Jo!!
JO: Hey Mama.
Walter, Jos Vater, späht farbverspritzt um die Ecke.
VATER JO: Des war aber jetzt a kurze Weltreise.
JO: Ja, um'kehrt samma. Der Kati ihr Opa is im Krankenhaus.
MUTTER JO: Ja, um Gotts Willen! Feit's weiter?
JO: Des woaß ma jetz no net genau.
MUTTER JO: Ja, dann fahrt's halt wann anders. Und, und dei Nachprüfung kannst a no machen.
JO: Boah Mama, nerv mi du net au no jetzt.
Jo zerrt ihren Rucksack die Treppe runter zu ihrem Zimmer.

55. INT. JO.S ZIMMER – ABEND

Jo öffnet ihre Zimmertüre. Vor ihrer Kommode steht Lugge und räumt seine Socken in die Schublade. Am Boden steht sein Rucksack. Jo lässt vor Schreck ihren Rucksack fallen.
JO: Entschuldigung?
LUGGE: Hey Jo, was machstn du da?
JO: Was solln des jetzt sei?
LUGGE: Du, des is jetzt a bissl blöd, aber deine Leut ham g'moant, weils in Bauwagn neirengt, dass is solang bei eich bleibn kannt.
Jos Mutter kommt die Treppe herunter.
MUTTER JO: Du ... mir ... mir ham uns dacht, solang du auf Weltreise bist, da wars doch g'schickt wenn der Lugge ...
JO: Na Mama, des war net g'schickt! Sau ung'schickt is des sogar! Des is mei Zimmer! (zu Lugge) Du packst jetzt sofort

deinen Scheißdreck zam und schleichst di!
LUGGE: Jo...
Dabei packt sie Lugges Rucksack und schmeißt ihn aus der Türe hinaus. Lugge weicht verdutzt zurück, stolpert fast über seinen Rucksack und lässt sich von Jo die Tür vor der Nase zuhauen. Jo starrt zornig die Tür an.
JO: Des darf net wahr sei. Da bist drei Tag weg, und schon bist ausradiert.
MUTTER JO (durch die Türe): Joo! Jetz sei halt net aso!
Durch die Türe hört Jo ihre Eltern mit Lugge reden.
VATER JO (O.S.): Jo ... I weiß noch genau, wie i damals ... da war i genauso ...
LUGGE (O.S.): Des passt scho.
MUTTER JO: Ja, ja ...
VATER JO: ... woaßt? Da is ma einfach ...
LUGGE: I geh einfach wieder in Bauwagn ...
MUTTER JO: Jetzt pack ma zam ...
Das Gemurmel geht im Hintergrund weiter. Jo kippt die Socken, die Lugge in ihre Kommodenschublade geschlichtet hat (rechtwinklig übrigens) auf den Boden.

56. INT. KRANKENHAUS / ZIMMER – TAG

Der Opa sitzt friedlich im Bett vor dem großen Fenster. Kati hockt neben ihm. Sie rührt Rasierschaum in einer Tupperschüssel, und beginnt, ihren Opa zu rasieren. Der Opa hockt in seinem Bett und hebt sich fast professionell staad, während Kati ihn mit Rasierschaum einseift.
OPA KATI: Des kitzelt so unter der Nasn.
KATI (lacht): San ma doch glei fertig Opa. So.
Kati seift ihn extra unter der Nase ein. Der Opa kichert. Kati zieht vorsichtig die Rasierklinge über seine Backe. Der Opa macht die Backe rund.

OPA KATI: Schee hast es g'macht.
Kati lächelt. Sie wischt den Rest Rasierschaum aus seinem Gesicht. Plötzlich schaut der Opa anders. Katis Eltern kommen ins Zimmer. Einen Meter vor dem Bett bleiben sie stehen.
MAMA KATI: So, dann leg dich her da.
OPA KATI: Na, net zuadecka.
MAMA KATI: Ah, freilig muaß ma zudecka.
OPA KATI: Na, mir hoaß. Sauhoaß. Aber i kenn des scho. Jetzt geb'ns uns wieder drei Wochen nix zum fressen.
KATI: Ah ge!
OPA KATI: Saubärn, greißlige.
Katis Papa zeigt auf den Speisezettel:
VATER KATI: Papa, da stehts doch. Gemüselasagne gibt's.
OPA KATI: Mog nix essen. Mog hoam.
MAMA KATI: Jetzt bleibst halt no zwoa Tag da und dann seng ma weiter.
VATER KATI: Es wird scho net so schlimm sei.
MAMA KATI: Ja. Jetzt probierst amal, dass d' schlafst und moing in der Früh schau ma wieder vorbei. Versprocha. Pfiadi.
VATER KATI: Pfiadi. Kati komm.
LUIS: Pfiadi, Opa. Bis moing.
KATI: Pfiadi.
Kati stellt die Schüssel mit dem Rasierpinsel auf den Rolltisch. Die Kati gibt ihrem Opa einen Abschiedskuß. Als sie fast draußen sind, meint der Opa:
OPA KATI: Versprocha, versprocha. I gib nix auf eure Sprüch'. Zur Gerdi habts mi a net g'fahrn.
Das trifft Kati ins Mark. Das hat sie ganz vergessen. Aber der Opa hat's nicht vergessen in seinem Universum.

57. INT. KRANKENHAUS / GANG – TAG

Kati macht leise die Tür zu. Ihre Eltern und Luis sind schon fast um die Ecke gebogen. Da schiebt ein Pfleger ein leeres Bett vorbei. Daneben her geht Mike, im weissen Kittel, mit einer Liste in der Hand.
MIKE: Ja, die Kati! Griaß di!
Kati steht unschlüssig da. Mike steigt von einem Fuss auf den anderen.
KATI: Mike. Griaß di.
MIKE: B'suchst du wen?
KATI: An Opa.
MIKE: Ahja.
KATI: Mhmm.
MIKE: Jetzt schau ma hoid amoi, ha?
KATI: Mhm. Genau. I packs dann wieder, ge. Pfiadi.
MIKE: Pfiadi.
Kati tippelt schnell ihren Eltern nach. Mike steht mit seiner Liste im Gang herum. Dann macht der Aufzug »pling« und Mike springt eilig hinein. Die Aufzugtüren schließen sich.

58. EXT. BAUWAGEN – TAG

Jo geht zögernd auf den Bauwagen am Rand der kleinen Sandgrube zu. Zur Hälfte ist er frisch gestrichen. Hinter dem Bauwagen hämmert jemand umeinander. (Windrad am Bauwagen!)
JO: Lugge? Lugge!
Hinter dem Bauwagen spreizt sich Lugge zwischen Dach und einem 20-Liter-Kanister auf Stelzen ein, um einen Gartenschlauch zu befestigen. Hinter einer Schilf-Wand ist eine Gießkanne als provisorische Dusche installiert.
LUGGE: Ja?
JO: Servus

LUGGE: Griaß di.
JO: Du hast deine Sockn bei mir vergessen.
LUGGE: Ah. Danke. Hab a bisserl wenig Zeit zum packeln g'habt.
Lugge war barfuß in seinen Arbeitsschuhen. Sofort zieht er sie aus und ein Paar Socken an.
JO: Ja, dann Pfiadi. Geht des jetzt einigermaßen da? Weils g'sagt hast es rengt so nei.
LUGGE: Ja, ja. Des geht scho.
JO: Duad ma Leid. Du hast echt net wissen kenna, dass i so schnell wieder hoam komm. I ja a net. I glaub des werd nix mehr mit meiner Weltreise.
LUGGE: Ge, scheiß da doch nix. Du hast doch noch ewig Zeit.
JO: Hm.
LUGGE: Mogst a Hoibe?
JO: Ja.

59. EXT. SANDGRUBE SCHMARNZELL – ABEND

Jo und Lugge hocken mit einem Bier in der Hand in der Nähe vom Bauwagen.

JO: I woaß net, obs da a so geht. Aber i glaub in Tandern gibt's im Umkreis von zwanzig Kilometern koan Ort, an dem koa Erinnerung klebt.
Da vorn, da hab i als Kind Kaulquappen rausg'fischt. In am Einwegglasl mit hoam gnumma und g'schaut ob's Frösch werdn. San aber natürlich alle verreckt.
Oder bei dem Floß, da muaß i ständig dro denka, wie mi mei Bruada mal nauszogn hat, weil i fast dasuffn war.
Verstehst? I kann ma da nix oschaun ohne, dass i net glei irgenda Erinnerung hab.
LUGGE: Auf dem Steg wollt ich der Ingrid mit am Hecht-

sprung mal so imponieren, og'laffa, ausg'rutscht, mitm Schädel aufm Brettl aufg'schlagen, dass Ingrid bloß noch an Sanka rufen hat können.
JO: Siehgst es! I war am Günninger Loch g'wesn, dann hab i an g'scheidn Vollrausch g'habt. Mi da so hieg'legt und eini g'spiem.
LUGGE: Ok.
JO: Ja.
LUGGE: Kannst di no erinnnern, wie ma mit Vollkaracho da die Sandklippen obi g'sprunga san. Wie ma zehne warn, oder so.
JO: Ah des kann net sei. Des dat i mi nie traun.
LUGGE: Ah du wolltst doch springa!
JO: Ach!
LUGGE: Ja, doch! Sowas vergisst ma net.
JO: Hmm.
LUGGE: Wie ma unten g'flackt san ... ham ma knutscht.
JO: Ja, genau!
Lugge steht auf und steigt die Sandwand hoch.

60. EXT. BAUM / WIESE – TAG

Der Blick geht weit über die sonnigen Hügel. Ein großer alter Baum steht auf der Hügelkuppe. In die Rinde sind Herzen und Buchstaben geschnitzt.
Katis Benz und Rockys kleiner BMW stehen unter dem Baum.
Kati hat die Arme verschränkt und die Stirn in Falten gelegt.
KATI: Genau da mag er her. Und i hab ihm versprocha, dass ich ihn herbring.
ROCKY: Und warum machstes net, wenn er wieder aus'm Krankenhaus draußn is?
KATI: Und wenn er nie wieder aus'm Krankenhaus rauskimmt?

ROCKY: Ah, Kati, des ... des kann i echt net macha. Des kann mi meinen Job kosten.
KATI: Rocky. Bloß für oa Stund!
ROCKY: Na.
KATI: Oa Stund. Hey, oa Stund. Du duast ja grad a so als müssast an Sanka klaun.
ROCKY: Und außerdem, wie stellstn du dir des überhaupt vor? I bin Sanitäter. Einen Patienten da rausholen, des liegt überhaupt net in meiner Kompetenz. Also ... na.
KATI: Ja, da frag ma an Mike.
Rocky erstarrt augenblicklich zu Eis.
ROCKY: An Mike?
KATI: Ja, an Mike!
ROCKY: Ja, dann kannst es glei vergessen.

61. INT. HAUS KATI / KÜCHE – TAG

Kati reißt den Hörer von der Gabel und wählt. Ungeduldig hört sie das Tuuut-Tuuut in der Leitung.

62. INT. SPORTGASTSTÄTTE IL CAMPO – TAG

Das Telefon am Tresen klingelt. Ferdl, der Wirt, stellt in aller Ruhe ein Weißbierglas ins Regal, dann hebt er ab. Im Hintergrund eröffnet der Trainer die Spielerbesprechung.
TRAINER: Mir ham heut suppa trainiert. Alle san fit. Aber lasst endlich amal eure Kippen steh ...
WIRT: Sportgaststätte Il Campo
KATI (am Telefon): I brauch an Mike.
WIRT: Des is jetzt unmöglich. Der is in der Spielerbesprechung.
KATI (am Telefon): I kann aber net spada orufa. Es geht um Leben oder Tod.

WIRT: Ah. Woaß scho.
TRAINER: Und dass mir am Samstag keiner in die Disko geht ...
WIRT (schreit): Mike!
TRAINER: Ja Mike, geh kurz. Und weil ma net absteign wolln ...
WIRT: Es geht um Leben und Tod.
TRAINER: Hinten san ma eh a Bollwerk.
Mike kommt ans Telefon.
MIKE: Ja Kati, was isn los?
TRAINER: ... da brennt eh nix o.

63. EXT. BAUM / WIESE – TAG

Kati wartet, an ihren Benz gelehnt, neben dem Baum. Sie reißt Blütenblätter aus einem Gänseblümchen. Kimmt er – kimmt er ned.
Endlich rast hinter dem Hügel ein roter Golf heran.

64. EXT. BAUM / WIESE – TAG

Mike reißt die Augen auf.
MIKE: Des geht net, da kann ich meinen Job verliern.
KATI: Bloß a Stund.
MIKE: Na.
KATI: Oa Stund. Des werd doch amal geh! Bist jetzt du so a Spießer g'worn, oder was?
MIKE: Pf. Ah ... überhaupts, des geht ja gar net. Wie möchstn den transportieren?
KATI: Der Rocky fahrt mit'm Sanka.
MIKE: Der Rocky! Dann kannst es sowieso vergessen.

65. EXT. SANDGRUBE SCHMARNZELL – ABEND

Jo und Lugge sitzen mit einem Bier in der Hand am Rand der Sandgrube.
LUGGE: Oiso, pack mas.
Lugge nimmt Jo's Hand. Anlauf.
JO: Uuuh.
Aus vollem Lauf springen Lugge und Jo schreiend Hand in Hand von der Klippe. Lachend kugeln sie bis nach unten und bleiben dort liegen.
JO: I mag weg. I muaß weg.

66. INT. HAUS KATI / KÜCHE // HAUS JO / FLUR – ABEND

Kati wartet am Telefon, dass jemand abhebt. Jos Mutter kocht gerade, und rennt schnell zum Telefon.
MUTTER JO: Ah, a grad jetzt. Hallo?
KATI: Ja, griaß di. Kati is dro. Is die Jo da?
MUTTER JO: Na, die is no ned da. Wie geht'sn am Opa?
KATI: Ja, geht ihm scho besser. Kannst du der Jo bitte sagn, dass ich vor Montag net fahrn ko.
MUTTER JO: Ja, klar. Richt i aus. Und an scheena Gruaß an Opa, ge!
KATI: Ja, richt i aus.
MUTTER JO: Pfiadi.
KATI: Hmm.
Kati hält immer noch den Hörer in der Hand und schaut ihn an, als könnte der was dafür. Jetzt legt Kati ihn auf die Gabel. Regina legt auch auf. In dem Moment kommt Jo daheim zur Tür herein.
MUTTER JO: Ah Jo, da bist ja.
JO: Servus Mama.

MUTTER JO: Kati hat ang'rufen.
JO: Und wie geht's am Opa?
MUTTER JO: Dem geht's scho besser. Aber sie lässt dir ausrichten, dass vor Montag no ned fahrn kann.
JO: Aha. Dann wart ma no zwoa Tag und no zwoa Tag und dann fahr ma überhaupts nie los.
Jo starrt zornig zum Fenster hinaus.

67. INT. KRANKENHAUS – TAG

Mike späht aus dem Krankenzimmer vom Opa den Gang hinauf und hinunter. Er hat den weißen Kittel an. Nichts rührt sich. Mike huscht zurück ins Zimmer und zieht im nächsten Moment den Opa auf einer Roll-Bahre auf den Gang. Im Hintergund erscheint ein Arzt.
ARZT (im Hintergrund): Der is zwischenzeitlich ... von der Intensiv kann der runter, und der kann rauf ...
LAUTSPRECHERSTIMME: Doktor Wieland, bitte in den K3.
Kati und Rocky schieben. Schnell rollen sie den Opa den Gang entlang um eine Ecke. Am Empfang sitz eine Krankenschwester. Mike baut sich vor ihr auf, damit die andern den Opa hinter seinem Rücken vorbei schmuggeln können. Ein Zivi läuft vorbei.
ZIVI: Griaß di Silvie.
SILVIE: Servus.
MIKE: Hey, Silvie.
SILVIE: Servus.
MIKE: Du, wie lang muaßtn du heut no?
SILVIE: Bis um Achte.
MIKE: Bis um Achte. Geh ma danach Essn?
SILVIE: Ah ... Ja ... Ehrlich g'sagt, da hab i ja no ...
MIKE: Alles klar. I ruaf di o. Habe die Ehre.
SILVIE: Servus.

Mike zwinkert der Krankenschwester zu, während die anderen den Opa vorsichtig vorbei schieben. Mike eilt zu den anderen.
KATI (äfft Mike nach): Geh ma heut zum Essn, ha?
MIKE: Sei froh, dass die auf mich steht.
KATI: Mike, koa Mensch steht auf di.
MIKE: Doch Baby, die Silvie scho.
KATI: Tss.

68. EXT. KRANKENHAUS – ABEND

Der Sanker wendet vor der Notaufnahme und fährt hinaus auf die Straße.

69. EXT. LANDSTRASSE – ABEND

Über eine Brücke und über einen Hügel rast der Sanker. Durch leuchtende Felder fahren sie eine Anhöhe hinauf, wie dem Himmel entgegen.

70. EXT. WIESE / BAUM – TAG

Der Opa sitzt auf dem Bankerl unter dem alten Baum. Wie ein goldener Schein umhüllt ihn die untergehende Sonne. Kati setzt sich neben ihn.
KATI: Schau her, Opa. Jetzta samma da. Wie ich's dir versprocha hab.
Eine Weile schaut der Opa in die Sonne.
OPA: Ja, aber Gerdi is no net da.
KATI: Aber Opa, des hab ich dir doch g'sagt
OPA KATI: Da wird's scho no kemma.
KATI: Opa ...
Im Hintergrund warten Rocky und Mike, mit verschränkten Armen an den Sanker gelehnt und beäugen einander argwöhnisch.

ROCKY: Und, host scho Schiss?
MIKE: Vor was?
ROCKY: Sonntag. Fußball.
MIKE: (prustet) Gega euch Warmduscher?
ROCKY: Ihr werdets Breckal speibn, des sag' i dir. Kaasweiß werd's.
MIKE: Ihr habts scho oiwai Phantasie g'habt. Herrschaftzeiten, wie lang dauert n des no? In ner halben Stund is Visite.
OPA KATI: Herrschaftzeiten, jetzt hob i d'Bleamin vergessen.
KATI: Woaßt wos, dann brock i dir schnell a paar.
OPA KATI: Schee von dir.
Kati geht ein paar Schritte weg und pflückt ein paar Blumen. Synchron zeigen Mike und Rocky jetzt auf ihre Armbanduhren.
KATI: (gelangweilt) Jaaaa.
Das Streitgespräch ist nicht beendet. Rocky legt noch einen drauf.
ROCKY: Ja, Phantasie hamma. Mir kenna wenigstens mehr als bloß draufbolzen, im Gegensatz zu euch.
MIKE: Pff, ja für d'Kreisklass langts, ge.
ROCKY: Ha, woaßt was du bist Mike. Du bist und bleibst a arrogants Arschloch.
MIKE: Wenn i jetzt mehra Zeit hätt, dann datst du jetzt die Erste fanga.
ROCKY: Pf ...
OPA KATI: Siegst es, Gerdi. Jetzt bin i doch no kemma. Hast lang warten miaßn?
Kati pflückt wieder eine Blume, als plötzlich ein sanfter Wind aufkommt und über die Wiesn streicht. Dann merkt sie, dass etwas geschehen ist. Sie dreht ihren Kopf zum Opa, der reglos auf der Bank sitzt.
Aber da sieht sie, dass er eingeschlafen ist. Gestorben. Friedlich und zufrieden. Kati setzt sich neben ihn. Sie hält ihre Blu-

men fest. Sachte nimmt sie seine Hand. Eine Tafel Schokolade hält der Opa.

71. EXT. BAUM / WIESE – TAG

Mike und Rocky streiten immer noch über Fussball. Jetzt merken sie, dass etwas nicht stimmt. Sie schauen sich an. Die beiden Jungs sind fassungslos.
MIKE: Ah ge. Leck mi doch am Arsch. Was mach man jetzt?
ROCKY: Die kündigen uns.

72. INT. KRANKENHAUS – TAG

Rocky, Kati und Mike schieben die Rollbahre mit dem Opa ums Eck zu seinem Zimmer. Vor ihnen geht die Milchglastür zum nächsten Gang auf. Ein Arzt kommt den Gang entlang. Mike erstarrt zur Salzsäule.
MIKE: Zefix. Des geht net. Der muaß da nei.
Rocky selbst eilt auf den Arzt zu. Wie in Gedanken rempelt er ihn an, während Mike und Kati das Bett ins Zimmer schieben.
ROCKY: Upalla. Oh, mei.
DR. WIELAND: Können Sie net aufpassn.
ROCKY: Entschuldigung ... des duad ma jetzt ... Äh, san Sie der Herr Doktor Wieland?
DR. WIELAND (geschmeichelt): Ja.
Der Arzt will schon weiter gehen.
ROCKY: Und, wie geht's so?
DR. WIELAND: Guad.
ROCKY: Äh, Tschuldigung. Äh, verstehns mi net falsch. Entschuldigung. Äh, Sie waren bloß scho immer so a ganz großes Vorbild von mir. Äh, wissens i bin Sanitäter und i wollt eigentlich scho immer Arzt werden. Wie mach i des so?
DR. WIELAND: Ja, a Medizinstudium hoid.

ROCKY: Ja, da braucht ma Abitur, ge?
DR. WIELAND: Ja, des is richtig.
ROCKY: Sengs, genau des is nämlich mei Problem. Geht des net irgendwie anders, übern zweiten Bildungsweg oder so?
DR. WIELAND: Da werdens wohl net drumrum kemma.
Der Arzt dreht sich um, um weiter zu gehen. Rocky ist gezwungen, die Show durchzuziehen.
ROCKY: Tschuldigung. Äh, tschuldigung, haben Sie mi jetzt grad beleidigt?
DR. WIELAND: Bitte was?
ROCKY: Haben Sie grad g'sagt, dass i bleed bin, bloß weil i koa Abitur hab, oder was?
Rocky schleicht auf ihn zu.
DR. WIELAND: Sie, verarschen lass i mi fei net. Solche Typen wie Sie können wir im Krankenhaus nicht brauchen. Jetzt sagns mir mal bitte Ihre Dienststelle, Personalnummer und den Namen.

73. INT. KRANKENHAUS / ZIMMER – TAG

Kati sitzt neben dem Opa am Bett. Der Opa sieht aus als würde er schlafen. Mike wuschelt Kati kurz durchs Haar.
MIKE: Pfiadi.
KATI: Danke Mike.

74. EXT. KRANKENHAUS / GANG – TAG

Mike huscht aus dem Zimmer. Er signalisiert Rocky, dass alles okay ist und verschwindet ums Eck. Gott sei Dank. Rocky schüttelt die Beine aus und grinst den Arzt an.
ROCKY: Aichach.
DR. WIELAND: Personalnummer?
ROCKY: Äh. 2130.

DR. WIELAND: Mhm?
ROCKY: Ha. Wissens wos? I werd wahrscheinlich sowieso Heizungsbauer. Weil Sanitäter, sanitär, das liegt ja sowieso nahe und nix für ungut, ge? Danke. Wiederschaun.
Rocky marschiert eilig auch ums Eck. Der Arzt schüttelt völlig perplex den Kopf.

75. EXT. HEIGLWEIHER / UFER – ABEND

In der Kiesbucht hockt Jo im Badeanzug auf ihrem Handtuch. Neben ihr sonnt sich (optional) Bill, ein blonder bonzebraun gebrannter Indianer-Typ.
Lugge geht zum Wasser und springt hinein. Ein paar Meter weiter taucht er auf und krault hinaus auf den See. Glitzernde Wassertropfen fliegen um ihn herum. Jo lächelt.
LUGGE (schreit): Jetzt geh weiter! Los jetzt kimm hoid endlich!
JO: Ja, i kimm doch. Wart hoid. Is koid?
LUGGE: Es geht.
Jo läuft zum Wasser. Sie macht einen sauberen Hecht ins Wasser. Als sie auftaucht, schnappt sie vor Kälte nach Luft.
JO: Oah Leck.
Lugge lacht und taucht unter.

76. EXT. HEIGLWEIHER / WASSER / FLOSS – ABEND

Lugge taucht vor Jo auf.
LUGGE: Wer als erster beim Floß is!
Jo krault sofort los. Lugge schaut ihr einen Moment zu und schwimmt auch los. Beide versuchen, sich gegenseitig unterzutauchen.
JO: Aaaah!
LUGGE: Heeey!

77. EXT. HEIGLWEIHER / WEG – TAG

Am Wegrand steht Kati und schaut Lugge und Jo zu. Fassungslos steigt Kati auf ihr Radl. Kati radelt davon

78. EXT. FRIEDHOF / GRAB – TAG

Der Kirchenchor singt die Schwarze Madonna. Die schweren samtenen Fahnen der Feuerwehr und des Schützenvereins postieren sich schwankend um das Grab. Kränze und Gestecke türmen sich wie ein leuchtender Berg.
Auf dem Grabstein ist ein Foto von Gerti und in goldener Schrift eingraviert: Gerti Kroppold, geb. Oberjocher, *1934 †1991. Die Sargträger setzen den Sarg neben dem Grab nieder. Die Ministranten in schwarzen Röcken und weissen Hemden tragen die Totenfahne, gefolgt vom Pfarrer. Hinter dem Pfarrer trägt Luis klein und blass das Holzkreuz mit dem Sterbebild vom Opa. Der Pfarrer nimmt Luis das Holzkreuz ab und rammt es in die aufgeworfene Erde. Dann schwenkt er den Weihrauchkessel zum Sarg hin.
Katis Papa hat die Hände gefaltet. Immer wieder blinzelt er in den Himmel. Katis Mama geht blass neben ihm her. Kati wischt mit dem Ärmel ihres schwarzen Mantels über ihre Augen.
Jo, Rocky und Anni stehen still unter den Trauergästen. Die Sargträger nehmen die Seile auf. Langsam lassen sie den Sarg in die Grube hinunter.
PFARRER und GEMEINDE:
Vater unser im Himmel
geheiligt werde Dein Name.
Dein Reich komme.
Dein Wille geschehe,
wie im Himmel so auf Erden.
Unser tägliches Brot gib uns heute.

Der Pfarrer wirft das erste Schäufelchen voll Erde auf den Sarg.
PFARRER: ... und des heiligen Geistes.
Das zweite Schäufelchen.
Das dritte Schäufelchen.
GEMEINDE: Amen.
Langsam heben die Trauergäste ihre Blicke. Die alten Weiber mit ihren schmerzenden O-Beinen lassen ihre Rosenkränze in die Handtaschen gleiten.
Jo schaut Kati an, die an der Hand ihrer Mama ins Grab starrt. Es knackt in den Lautsprechern. Der Vorsitzende des Krieger- und Soldatenvereins, der Sieber Erwin, raschelt mit seinem Zettel.
SIEBER ERWIN: So verabschieden wir uns von unserem Kameraden. Alois, deine Kameraden werden dich nie vergessen. Fahnenabordnungen, senkt die Fahnen zum militärischen Gebet.
Die drei Fahnen senken sich schräg nach vorne. Franz Heinzel rückt seine graue Uniformjacke zurecht. Stille. Dann die Böllerschüsse: BUMM!! – BUMM!! – BUMM!!
Kati zuckt zusammen. Luis hält sich die Ohren zu. Die Fahnenträger stellen die schweren Fahnen wieder gerade hin. Langsam heben die Trauergäste ihre schweren Blicke. Die Kirchenglocken läuten. Der Sieber Erwin hebt seine Trompete und spielt den »letzten Kameraden«.

79. INT. JÄGERWIRT / SAAL – TAG

Ein angeregtes Murmeln schwirrt durch den Saal. Die zwei langen Tischreihen sind voll besetzt mit Trauergästen. Die Jägerwirtin serviert Getränke.
JÄGERWIRTIN: Anten oder Schweinsbraten?
SIEBER ERWIN: Ist bei der Anten a Blaukraut dabei?
JÄGERWIRTIN: Ja.

SIEBER ERWIN: Guad, dann nehm i an Schweinsbraten.
JÄGERWIRTIN: Ah, Depp!
Der Hatsch marschiert in seiner dunkelgrauen Lodenjacke zu den Fussballern an den Tisch.
HATSCH: Ge Rocky, friss net so vui. Sonst derlafst es net.
ROCKY: He i brauch doch Kraft zum Tore schießen.
Kati malt mit ihrer Gabel Kreuze auf die Serviette. Am Tisch sitzen noch Katis kleiner Bruder Luis, ihre Eltern, die Tante Anni, Jo und ihre Familie samt Großtante Resi im schwarzen Beerdigungs-Kleid und Kopftuch.
JO (steht wütend auf, weil Luis ein volles Glas über ihre Hose geschüttet hat): Ah, Luis! Pass halt auf!
LUIS: Tschuldigung. Des war net extra, aber des Glasl is jetzt grad so sublöd dagstandn.
JO: I habs da net hig'stellt.
VATER KATI: Kasperlkopf!
TANTE RESI: Wenn i mir denk, wie mei Xaver sterbn hat müssn.
TANTE ANNI: Ja, ja. Da hat der Alois scho an scheenern Tod g'habt. Des muaß ma sagn.
TANTE RESI: A so hieg'schlacht is er wordn. Von de Itacka, drunt in Monte Casino.
MUTTER JO: Is scho guad, Tante Resi.
Kati hört die Stimme der Tanten wie ein Echo. Die Wirtin balanciert fünf Teller durch die engen Stuhlreihen.
VATER JO: Pffrrrrr.
JÄGERWIRTIN: A Anten.
MAMA KATI: Für mi net, dankschön. Aber i glaub d'Resl wollt oane.
TANTE ANNI: Ja, i a.
JÄGERWIRTIN: Bitte.
Die Wirtin reicht die Teller über die Köpfe der Gäste an den Tisch. Die Tante Resi hebt ihre spitzen Finger.

MUTTER JO: Dankschön.
VATER JO: So, an guaden!
MAMA KATI: An guaden.
Die Wirtin stellt der Res'l den dampfenden Teller hin.
TANTE RESI: Des is a so oane von die Itacka.
MAMA KATI: Iss und gib a Ruah.
Kati packt ihre Gabel mit der Faust. Besteck klappert auf den Tellern. Alle essen. Geschlürfe von den Alten.
TANTE RESI: Er hat hoid a scho a recht guads Alter g'habt.
TANTE ANNI: Ja, ja, der Alois. Is scho besser so, wie er g'storbn is.
KATI: Was is na da bittschön besser, wenn i mal fragen derf? G'freits ihr euch alle, dass der Opa g'storbn is, oder wos?
Katis Papa schiebt seinen Teller weg.
VATER KATI: Jetz sei staad!
KATI: Wieso na i? Sag's doch dene! Ihr habt's fei auch scho a guad's Alter. Dann is' vielleicht a besser, wennd's verrecka dat's, oder?
Kati starrt die Tante Anni und die Tante Resi an. Katis Papa langt über den Tisch und schmiert Kati eine. Kati schmeißt ihren Stuhl um. Sie wirft ihre Gabel auf den Tisch und rennt zur Tür hinaus.
Für einen Moment hören die Leute auf zu essen. Im gleichen Moment bringt die Jägerwirtin drei Teller Rollbraten mit dampfenden Knödeln aus der Küche.
JÄGERWIRTIN: Knödl san aus. Ja ...
Alle schweigen.

80. EXT. JÄGERWIRT – TAG

Kati stürmt aus der Wirtschaft. Leises Gemurmel dringt aus den Fenstern. Rocky rennt Kati hinterher.
ROCKY: Kati, jetzt wart hoid. Des darfst net so ersnt nehma,

was die oiden Weiber da reden.
Rocky holt Kati ein.
KATI: Die Tante Anni is a scheinheilige Hex. Denen is doch der Opa total wurscht.
Da beginnt Kati zu weinen. Rocky rubbelt Katis Schulter. Kati lehnt sich an ihn und schlingt die Arme um seinen Hals. Doch dann schiebt Rocky Kati doch ein Stück von sich weg.
ROCKY: Is vielleicht net so gut, wenn uns d'Annie so siegt.
KATI: Nnh.

81. EXT. HOF KATI – TAG

Kati stopft mit Gewalt eine Schaumgummi-Matratze in den Kofferraum ihres Benz.
Katis Mama fährt zum Hof herein. Neben ihr im Auto sitzt Tante Anni. Schon von der Straße sieht die Mama, wie Kati wieder und wieder ihren Kofferraumdeckel zu knallt. Die Mama steigt aus. Sie trägt ihr Beerdigungs-Kostüm.
MAMA KATI: Kati! Mauserl!
KATI: I geh auf Weltreise. Jo kann's eh net erwarten, bis' furt kommt.
Kati zerrt einen Spanngurt hinter dem Rücksitz heraus und bindet damit ihren Kofferraum zu.
MAMA KATI: Geh Kind, sei doch g'scheit, ha? Des is doch a Schmarrn, so Hals über Kopf.
KATI: Was is'n bitteschön g'scheit, ha? Dahoam hält' mi nix mehr.
Katis Mama steht perplex neben Katis Auto. Eine überquellende Ikeatasche voller Klamotten liegt auf dem Rücksitz. Mühsam walzt die Tante Anni sich aus dem Auto. In der Hand balanciert sie einen Teller mit Kuchenstücken. Mokka-Roulade, Käsesahne, Nusstorte.
TANTE ANNI: Was führt sie sich denn scho wieder auf, ha?

KATI: Und dir, dir geh ich a nimmer auf d' Nerven.
TANTE ANNI: Ihr habts doch an G'spinnerten. Alle miteinander. I habs deinem Papp schon oft gnua g'sagt. Aber auf mi hört ja koa Mensch.
MAMA KATI: Tante Anni, du hältst di jetzt bittschön ein für allemal da raus, ge!
Mit offenem Mund starrt Tante Anni die Mama an. Aber ohne Muh und Mäh schiebt sie ihren Hintern ins Haus.
Luis kommt mit seinem BMX-Radl in den Hof gefahren. Die schwarze Beerdigungs-Hose hat Dreckbatzen dran hängen, das Hemd ist voller grüner Grasstreifen. Der Fussball hängt in einem Netz auf seinem Rücken. Er bremst neben Kati ab.
LUIS: Ziagst' jetzt aus?
KATI (zu Luis): Ja. Kannst mei Zimmer haben.
Luis starrt seine Schwester und ihr Auto an. Er wirft sein Rad'l auf den Boden.
LUIS (brüllt): I mag aber dei' scheiß Zimmer gar net!
KATI: Dann nimmst es hoid net!
MAMA KATI: Ge, bleib halt da. Du kannst net immer mitm Kopf durchd Wand.
KATI: Pfiadi Mama.
Kati steigt in den Benz und rauscht vom Hof. Sie sieht ihre Mama im Rückspiegel, wie sie allein auf dem Hof steht.

82. EXT. FUSSBALLPLATZ / STRASSE – NACHMITTAG

Vom Fussballplatz herüber hört sie empörte Pfiffe und das Geschrei der Zuschauer. Der FC Tandern in schwarz-weiß und der BC Aichach in roten Trikots liefern sich eine Schlacht bis aufs Blut.

83. EXT. FUSSBALLPLATZ – NACHMITTAG

Das halbe Dorf hat sich am Spielfeldrand versammelt. Die Trainer Edi Salvamoser (BCA) und Walter (FCT) schreien Anweisungen von der Seitenlinie aus aufs Spielfeld.
Kati geht am Spielfeld entlang auf das Sportheim zu. Beim BCA spielt Mike Libero mit der Nummer 10. Für Tandern spielt Rocky rechts aussen, Nummer 14. Toni im offensiven Mittelfeld, Nummer 6. Die Haare fallen ihm ins Gesicht, das Trikot hängt lose an ihm herunter, die Stutzen hat er auf die Knöchel geschoben. Schienbeinschoner sind für Weicheier.
Lugge lauert als hängende Spitze auf Tonis Pässe. Aber die kommen nicht. Toni rennt jetzt schon zum x-ten mal allein in die Viererkette des BCA. Rocky rast wie ein Wirbelwind an der rechten Flanke auf und ab, aber Toni hört und sieht nichts.
EDI SALVAMOSER (schreit): Komm Mike! Übern Flügel Mike! Übern Flügel!
Walter, Jos Vater, auf der Tanderner Trainerbank hat einen brühroten Kopf auf. Nonstop klatscht er in die Hände.
VATER JO: Druck! Druck! Mensch, was ist denn? Toni, Mensch auf geht's! Auf geht's! Zwoa Minuten no, dann san ma in der Verlängerung. Komm auf geht's!
Aber der FCT verliert die Zweikämpfe. Es ist zum Haare ausreißen. Immer nervöser wird der Trainer. Die ganze Zeit über grölen schon die BCA-Fans am Spielfeldrand gegenüber »Ole, Landesliga, Olee Oleee« und treten gegen die Bande mit der Aufschrift »Elektro Wenzel«. Kati kommt zu Jo an den Zaun. Jo lehnt mit einem Steckerleis in der Hand an der Spielfeldbegrenzung und feuert Rocky an.
KATI: Ah, da bist ja.
JO: He Kati, griaß di. Is ois ok bei dir?
KATI: Ja, ja. Freilig. Wann fahrn ma?
JO: Wohi?

KATI: Ja, furt halt. Wohi? Pf!
JO: I hob g'moant mir fahr'n nimmer?
KATI: Aha.
Jo lacht ungläubig und schüttelt den Kopf. Währenddessen schreien die Tanderner Fans:
ALLE TANDERNER: Rocky – Rocky – Rocky !!
Denn die Tanderner Jungs rennen nonstop gegen das Tor des BCA an. Walter auf der Tanderner Trainerbank wird immer nervöser, bald hat er sich nicht mehr im Griff. Mit Schaum vor dem Mund brüllt er aufs Spielfeld:
VATER JO: Geh Toni! Nach! Nach! Nimm ihn! Ja, ja super! Und jetzt über die Flügel! Auf geht's! Leute! Super! Torchance! Super! Ja, mach es!
Toni kämpft sich durch, spielt einen Traum-Pass. Rocky hält den Fuss hin. Aber Mike krätscht ihn kurz vor dem Sechzehner nieder.
TONI: Aaaah!
Die Tanderner Fans schreien wütend auf. Auf der Terrasse schiebt jetzt der Schachtner Gottfried, seines Zeichens Stadionsprecher, seine Wampe nach vorn und hebt sein Megafon:
STADIONSPRECHER (ins Megafon): Ein klares Hackling im Strafraum eine Minute vor Schluss. Und der Schiedsrichter gibt: An Elfer! Ja Wahnsinn.
ZUSCHAUER: Auf geht's Toni! Hau'n eine! Des machst du des Tor! Kimm Toni: Hau'n nei!
Der Schiri pfeift Freistoss für Tandern. Die Aichacher schreien und pfeifen. Gerangel am Sechzehner.
JO: Du magst doch garnet.
KATI: I? I?! Vielleicht magst ja du nimmer!
JO: Ja i fahr. Des kannst aber glaubn.
KATI: I woaß net, wos ma dir no glaubn kann, Jo. Du sagst nämlich net die Wahrheit. Und i hab des ois bloß wega dir g'macht.

Kati starrt Jo böse an. Kati dreht sich um und marschiert im Stechschritt am Spielfeld entlang zu ihrem Auto zurück.
Lugge legt sich den Ball zum tödlichen Schuss zurecht. Walter feuert von der Seitenlinie seine Anweisungen aufs Spielfeld.
VATER JO: Toni! Toni! Na, na! Lass an Lugge schiaßn!
SCHIEDSRICHTER: Kinder, geht's bittschön da hinterm Tor weg, ihr beeinträchtigts den Torwart, ge!
Jo steigt zu Gottfried auf die Terrasse. Sie nimmt das Megafon von seinem Tisch.
JO (durchs Megafon): He Kati! Wega mir hast du überhaupts noch nie was g'macht! Des oanzige was du machst is davonrenna die ganze Zeit, weil du d'Wahrheit net vertragst. Dass 's Leben weitergeht und dass sowieso ois anders werd. Aber irgendwann huift as Davorenna a nix mehr. Des is d'Wahrheit!
Kati bleibt bebend auf halber Strecke zwischen Jo und ihrem Auto stehen.
KATI: (schreit) Suppa Wahrheit, Jo! Zu mir sagn der Lugge is a laare Hosn und dann flackst du mit eam am Gündinger Loch umanand und kannst gar net gnua kriang vo eam! Scheiße!!!
JO (durchs Megafon): Und was geht di des an, wenn ich meinen Spaß hab ohne di, ha?!
Toni reißt den Kopf zu Jo herum, als er das hört. Dann stiert er Lugge an. Lugge ist voll konzentriert für den Freistoß. Die Mauer des BCA steht dicht geschlossen in der Schusslinie. Toni rennt entschlossen auf Luge zu.
LUGGE: Toni? Toni, was isn los?
TONI: Du Arschloch!
Toni rempelt Lugge an. Schubst ihn weg. Lugge schubst zurück. Toni holt aus und rammt Lugge die Faust in den Bauch. Lugge schlägt sofort zurück. Rocky stürzt sich auf die zwei. Schon bricht unter den FCT-lern eine Schlägerei aus.
VATER JO: He!
JO: Oh.

VATER JO: He!
TONI: Du Arschloch!
VATER JO: Jetzt auseinander! Machts doch keinen Schmarrn!
TONI: Wer spinnt da? Wer spinnt da?!
LUGGE: Was soll des?
VATER JO: San di wahnsinnig, oder wos? He, he, he!! Des gibt's doch net! Des könnts doch net macha! Des wär die beste Chance g'wesn.
JO: Scheiße!
Wütend stellt sie das Megafon beim Stadionsrepcher wieder ab. Währenddessen geht das Durcheinandergeschreie weiter.
LUGGE: I hab überhaupt nix g'macht!
SPIELER: Nimm deine Griffel weg von mir!
Der Schiedsrichter will eingreifen. Er fasst mutig ein Tanderner Trikot. Doch da trifft ihn Tonis Faust. Der Schiedsrichter findet sich unversehens mitten in der Schlägerei. Die Linienrichter lassen ihre Fahnderl fallen und stürmen auf das Spielfeld.
SCHIEDSRICHTER: Wir brechen des Spiel ab! A Kindergarten is des du.
Den Salvermoser Edi hält's nicht mehr auf der Bank. Nervös scharrt er auf der Seitenlinie.
Doch seine Jungs stehen bloß da und wissen nicht, wie ihnen geschieht. Der FCT ist ein um sich schlagendes Knäul aus Fäusten und Fuassboi-Schleich'.
Kati rennt zu ihrem Benz und fährt davon. Jo schaut zornig von Kati aufs Spielfeld. Da sieht sie, was sie angerichtet hat: Im Wirbel der Fäuste hat Toni den Lugge im Schwitzkasten und zerrt und ruckt an seinem Hals.
LUGGE: I hab nix g'macht.
Toni lässt locker. Lugge schaut ihn an. Toni renkt seinen Hals ein. Er wird ruhiger. Jo schaut ihn an.
MIKE: Ja, was is jetzt Schiri?

SCHIEDSRICHTER: Aus is. Gwunna habts.
MIKE: Jaaaa! Jaaaa!
SCHIEDSRICHTER: Jetzt spinnens alle miteinand.
Freudengeschrei BCAler
SPIELER BC AICHACH: Mir ham g'wunna! Hey Toni, dank dir recht herzlich!
Walter steht mit hängenden Armen an der Seitenlinie.

84. EXT. FELDWEG / DAUMILLER BERG – NACHMITTAG

Katis Benz fährt auf der Hügelkuppe entlang. Feiner Staub hängt in der Luft hinter ihr.

85. EXT. DAUMILLER BERG – NACHMITTAG

Kati parkt droben am Daumiller Berg. Sie hockt im Auto und schaut nach Westen. Da kommt Jo's Benz aus dem Dorf herauf gefahren. Jo parkt direkt neben Kati.
Sie bleiben in ihren Autos sitzen. Bald wird die Sonne untergehen. Endlich steigen die Mädels aus. Jede lehnt an ihrem Auto. Jo blinzelt in die Sonne.
JO: Wennst bloß wegen mir mitfahrst, dann bleibst liaber dahoam.
KATI: Aha. Auf oamal. Wir haben doch immer g'sagt wir fahren zusammen. Ausg'macht is ausg'macht. Ohne Kompromiss.
JO: I kann aber net oiwai für zwoa Leut entscheiden. Du wuist was komplett was anders als wie i. Verstehst du des net? Da fahr i doch lieber alloa. I hab scho an Flug nach Kappstadt.
Kati schaut an Jo vorbei. Sie spürt ihre Knie wie entfernte Planeten.
KATI: Wos hast du?!
JO: I hab nimmer mit dir g'rechnet, Kati.

KATI: Ah. Und was ist dann bitteschön mit uns? Mitm Daumiller Berg? Auf Fahrtwind und Freiheit? War des alles bloß so dahi g'sagt, oder was? Merkst du eigentlich, Jo, dass du alles kaputt machst?!
Jo steigt in ihren Benz und fährt weg. Ihre Autospur hinterlässt nur einen Halbkreis in der Wiese.
Kati steht mit hängenden Armen da. Unfähig, den Gedanken zu erfassen: Jo hat sie verlassen. Dann steigt sie auch ein und fährt weg. Es bleibt ein Herz (der beiden Autospuren) in der Wiese.

86. EXT. FELDWEG / DAUMILLER BERG – NACHMITTAG

Kati schaut in den Rückspiegel. Jo schaut keine Sekunde zurück. Der Kies spritzt unter den Reifen ihres Benz heraus. Da fahren sie, in entgegengesetzte Richtungen auseinander. Von einem Leben in ein anderes.

87. EXT. FELDWEG / LANDSTRASSE – ABEND

Katis Benz rauscht vom Feldweg auf die Oberdorfer Straße, die Senke hinunter, um die Kurve und den Hügel hinauf. Die Chrom-Zierleiste blitzt im Sonnenuntergang.
Kati hat alle Fenster aufgerissen. Sie drückt das Gaspedal aufs Bodenblech. Noch in der Kurve reißt sie den Ganghebel in den vierten Gang. Kati gibt Vollgas, ohne den Blick vom Horizont zu nehmen.

88. I/E. LANDSTRASSE / BENZ – ABEND

Der Tacho zeigt 100. 120. Der Benz scheint über die Kuppe und hinunter ins Tal zu fliegen. Allein auf der Straße. Kati schreit und schlägt die Fäuste auf das Lenkrad.
KATI: Fuck. Oh Mann. Scheiße.

In der Senke macht die Straße eine sanfte Kurve. Dort steht ein 300 Jahre alter Baum. Kati hält das Lenkrad fest. Der Benz lehnt sich weit in die Kurve. Aber vom Gas geht Kati ums Verrecken nicht. Die Kurv'n vertragt 120. Da macht es einen lauten Krach in den Bremsen (oder irgendwas halt, was der Giuseppe gsagt hat). Aber auf einmal sieht es aus, als würde der Alte Baum auf den Benz zu springen. Kati reißt das Lenkrad herum, aber der Benz schießt stangengerade weiter.

89. EXT. LANDSTRASSE / ACKER – ABEND

Zack! Wumm! Der Benz fliegt von der Straße. Pfeilgerade in den Acker hinein, haarscharf an dem Baum vorbei. Rattattatta schießt der Benz durch die Raps-Stauden.
    KATI (flüstert im Off):
Wenn du meinen Namen flüstert
1000 Meilen weg von mir
in den Wind
in Kanada auf einem Berg
in Afrika in einen Ruderboot
Kann ich dich hören?
Kann ich dich hören?
Über Meere und Himmel und Fernsehtürme
werd ich dich vermissen.

Der Benz bleibt mitten im Acker stecken. Wie vom Himmel gefallen steht er da, in dem gelben Feld. Aus dem Kühler raucht's.

90. I/E. LANDSTRASSE / BENZ JO – TAG

Jo fährt auf Tandern zu. Auf einmal bremst sie.
    JO (schreit): Scheiße!
Mitten auf der Straße dreht sie um. Beinah nimmt sie einen

Straßen-Stempen mit. Vollgas glüht Jos Benz in die entgegengesetzte Richtung.

91. EXT. LANDSTRASSE / ACKER – ABEND

Auf dem Hügel erscheint Jo's Benz. Jo sieht Katis Auto im Acker stehen. Jo legt am Straßenrand eine Vollbremsung hin. Sie rennt durch die Schneise, die Katis Benz in den Acker geschnitten hat.
 JO: Kati!! Kati? Kati! Katiii! Kaatii!
 Dampf faucht unter der Motorhaube heraus ... Die alte Kassette läuft. Jo läuft zum Auto, öffnet die Türe – niemand sitzt drin.

92. EXT. ACKER / BENZ – ABEND

Jo kämpft sich durch den bauchhohen Raps. Sie umkreist Katis Auto. Keine Spur von Kati.

93. INT. UNTERRIEDER BAUER / KÜCHE – TAG

Der Unterrieder Bauer sitzt allein an seinem großen Küchentisch. Er hat eine dampfende Mikrowellen-Lasagne vor sich stehen, in der Alu-Verpackung. Jo steht an der Wand, den Telefonhörer in der Hand. Es tutet ewig.
 JO: Hallo? Ham Sie da a Telefon? Jetz geht hoid oaner hi.
 Der Bauer nimmt einen kochend heißen Bissen von seinem Mikrowellen-Baatz.

94. INT. SPORTHEIM FC TANDERN – ABEND

An der Theke klingelt das Telefon. Keiner reagiert. Nach dem Spielabbruch hocken die Spieler des FC Tandern, einige noch in ihren schwarz-weißen Dressen, wie traumatisiert am Stammtisch.

Rocky schaukelt abwesend auf seinem Stuhl. Walter sinniert über seinem Weissbier über die vielleicht nie wieder kommende, vertane Chance. Toni und Lugge hocken nebeneinander, beide haben Pflaster im Gesicht. Lugge hat eine geschwollene Lippe. Toni weint.
Von den BCA-lern kommen die ersten saudumm grinsend vom Duschen rauf. Der Alex und der Baum prosten sich mit einer Flasche Sekt zu. Mike setzt sich schweigend an den langen Tisch am Fenster.
MIKE: Bringst ma du no an Neger?
Die ganze Zeit über klingelt das Telefon an der Theke. Der Stadionsprecher hebt endlich ab.
STADIONSPRECHER: Schaftmeier.
JO: I brauch an Rocky.
STADIONSPRECHER: Rocky!
Im Hintergrund ist das Oleole-Gegröle der Sieger zu hören. Der Stadionsprecher winkt Rocky. Rocky kommt zur Theke. Er nimmt den Hörer.
ROCKY: Ja?
JO: Rocky, die Kati is ins Rapsfeld neig'fahrn beim Unterrieder Bauern und i finds net.
Rocky wird auf der Stelle leichenblass.
ROCKY: Was?! Wo nomoi? Bin schon unterwegs!
JO: Danke.
ROCKY: Scheiße! Kati hat an Unfall g'habt!
Lugge und Toni folgen Rocky hinaus. Mike steht von seinem Tisch auch auf. Diese Anrufe kennt er.

95. EXT. ACKER – TAG

Jo läuft über den Acker. Immer wieder dreht sie sich suchend um. Endlich sieht sie Kati mitten im Acker auf dem Boden hocken wie ein Häufchen Elend. Kati hält eine brennende Zigarette

in der Hand. Jo kniet neben ihr nieder. Einen Moment sagt keine was.
JO: Ah! Aah! Kati! Da bist ja! Oh Gott! Gott. I hab di überoi g'suacht. Was isn da passiert? Wolltst gegen an Baum hinfahren?
KATI: Na. I hab g'moant die Kurven vertragt no 120.
JO: 120?! Ge, Kati! Ich sollt dir so eine duschn, dassd nimmer aufstehst.
Jo kniet sich neben Kati auf den Boden. Sie nimmt Kati an den Schultern und schüttelt. Kati lässt sich schütteln wie eine Stoffpuppe. Kati wirft ihre Kippe weg. Teilnahmslos starrt sie Jo an.
KATI: Mir doch wurscht.
JO: I häng aber an dir.
KATI: An mir.
JO: Ja, logisch.
KATI: Mann Jo, du gehst alloa auf Weltreise und dir macht des überhaupt nix aus.
JO: Doch.
KATI: Siehgt ma aber nix.
Kati schaut Jo an. Kati muss grinsen. Jo auch. Jo umarmt Kati. Endlich wieder vereint hocken die Mädels im Rapsacker und rauchen eine Friedens-Zigarette. Hoch im Himmel zwitschert ein Vogerl.
JO: Mei oaner geht halt immer furt. Des is halt aso.
KATI: Wirklich? I woaß' net. Oh Mann.
JO: Geh her
KATI: I komm aber net nach Afrika und hol di, wenn was is, ge! Bist ja net amal g'impft und nix. (lacht ein wenig)
Die Mädels weinen
KATI: Duad ma Leid, Jo. Es duad ma Leid.

96. EXT. LANDSTRASSE / ACKER – TAG

Rockys kleiner blauer BMW rast über die Wiese herunter. Baatz-Brocken fliegen in die Luft. Gleich dahinter rast Mikes roter Golf über den Feldweg. Dahinter Tonis Pick-up. Sie steigen an der Unfallstelle aus.
ROCKY: Jo!
TONI: Jo! Kati!
MIKE: Kati, wo bist du?

97. EXT. HOF KATI – TAG

Kati scheppert mit ihrem verdrückten Benz in den Hof. Die Mama klopft vor dem Haus den Wohnzimmerteppich aus.
MAMA KATI: Kati!!
KATI: Griaß eich! I hab an totalen Unfall baut. Bin aber froh, dass net mehra passiert is. Und i bleib übrigens doch da. Und Papa: Des duad ma echt Leid.
Kati geht is Haus.

98. FLUGHAFEN AUGSBURG

Eine Lautsprechermeldung ertönt. Die Freunde stehen vor der Sicherheitskontrolle.
JO: Komm her! Machs guat.
ROCKY: Pfiadi.
Jo will schon gehen, da dreht sie noch mal um.
JO: Servus. Und des merkst dir jetzt: Du woaßt nie, wann i wiederkimm.
TONI (grinst): Jetzt schleich di.
KATI: Magst net doch dableiben?
TONI: Schaugst, dass weiter kimmst.
JO: Na. Lass mi vorbei, der Flieger geht glei.

KATI: Pfiadi.
ROCKY: Servus.
Jo geht endültig.

99. EXT. FLUGHAFEN AUGSBURG / STRASSE / ACKER – ABEND

Die drei Freunde sitzen im Auto, über ihren Köpfen dröhnt ein Flugzeug.
ROCKY: Ui, da schaugts! Da oben fliegt Jo!
TONI: So ein Schmarrn.
ROCKY: Ja, wieso?
TONI: Weils d'falsche Richtung is.
ROCKY: Ja dann fliegens a Kurven.
KATI: Stimmt. Freilig. Des is Jo.
Kati kurbelt das Autofenster runter, und lehnt sich raus.
KATI: Hey Jo! Auf Fahrtwind und Freiheit!!!

100. INT. FLIEGER – ABEND

Jo hockt im Flieger. Mit glänzenden Augen schaut sie aus dem Fenster. Dann macht sie den Indianergruß.
JO: Auf Sehnsucht und Liebe.

101. EXT. STRASSE / FLUGHAFEN – ABEND

Nun stemmt sich auch Toni aus dem Auto und ruft gemeinsam mit Kati zum Flieger hinauf:
KATI/TONI (lachend): A Tschik und a Bier!!!!

101A. INT. FLIEGER – ABEND

JO: Und den Vollmond als Wegweiser

102. EXT. LANDSTRASSE – ABEND

Der Flieger schwebt ganz klein am Horizont. Der Benz fährt auf die Hinterlandhügel zu.

Das Hinterland, das Land der dreiarmigen Strommasten liegt mit seinen knallgelben Rapsfeldern, satten Wiesen und blaugrünen Waldflecken im goldenen Abendlicht.

ENDE

GEDICHTE ZUM FILM VON KARIN MICHALKE

GEDICHT 1 – KATI UND JO HABEN EIN GEMEINSAMES ZIEL – »FERNWEH FLIAGT«

Fernweh fliagt übers Land
unser ganz' Leb'n lang scho
(wia) du und i nebanander

Mir schaung bis weit hinter'n Himmel nauf
bis ganz hinten
wo nix mehr is.

Du und i immer weiter
so weit und so schnell wie no nie.

I bin der Wind und du hast die Flügel.
Fernweh fliagt
über die Hinterlandhügel.

GEDICHT 2 – KATI VERABSCHGIEDET SICH VON LUGGE – »FERNSEHTÜRME«

Wenn ich deinen Namen
1000 Meilen weg von dir
flüstern würde
In den Wind
In Kanada auf einem Berg
In Afrika in einem Ruderboot
Wirst du mich hören?
Über Meere und Himmel und
Fernsehtürme
Könnt' ich dich küssen.
Wenn du willst.
Das müsst' ich bloß wissen.

GEDICHT 3 – KATI LÄSST JO FREI ... – »OANER GEHT IMMER FURT«

An am Tog wia heid
bleibt alles steh'

und i schaug weit
über die Berg' und Wolken
zu dir nüber.

Oaner geht immer furt
hast g'sagt.
jetz fliag!
So weit weg und so nah da.

Gell, du kimmst wieder?

ALTERNATIVE 1 – »DER GOLDFISCH, DER DEN OZEAN DURCHSCHWAMM«

Wer bist du, und wo
gehst du hin?
Ich kenn' dich schon so lang,
viel länger als mein Leben.

Hast du mich noch nie gesehen?
Ich war vor 1000 Jahren eine Brücke.
Du warst das Erdbeben.

Der Schmetterling auf deinem Butterbrot
der war ich auch.
Der Goldfisch, der den Ozean durchschwamm.

Du hast mich nicht bemerkt,
du warst der Entdecker der Kontinente,
dann der Planer einer grossen Stadt.

Jetzt geh' ich fort,
jetzt siehst du mich.

Ich dreh mich um nach dir.
Wer bist du und wo gehst du hin?
fragst du.

Pfiadi.
Ich bin
dein Schmetterling.

Der Goldfisch, der für dich den Ozean durchschwamm.

ALTERNATIVE 2 – »EINE INSEL«

Wer hat gesagt, der Ozean wär' endlos?

7 Stunden, 7 Tage, 700 Jahre
dauert es
bis man ganz durch geschwommen ist.

Ich bin schon lange auf der Reise
Vielleicht
wenn's eine Post gibt,
schick' ich euch eine Karte.

Recht weit draußen bin ich schon
kein Land in Sicht,
kein Schiff,
kein Flieger mehr am Himmel
bloß noch ich.

Jetzt bin ich eine Insel
mitten im Meer.
Ich bin ein Berg mit einem Gipfelkreuz,
das steht da mitten in der Brandung.

Eines Tages, vielleicht in 100 Jahren
wird's in der Zeitung stehen.
Es wurde eine Insel gesehen
mitten im Ozean,
die da vorher gar nicht war,
mit einem Berg sogar
und einem Briefkasten.

Wenn es eine Post gibt,
schick' ich euch eine Karte.
7 Stunden, 7 Tage, 700 Jahre
dauert's noch, bis sie zu euch kommt.

Vielleicht sind wir dann tot
und Daheim gibt's längst nicht mehr.

Wollt ihr wissen,
was da auf der Karte steht?

Ein lieber Gruß,
ein Bild von einer Insel.
und:
P.S.
Ich glaub nicht, dass der Ozean endlos ist.

INTERVIEW MIT AUTORIN KARIN MICHALKE

Wodurch wurde Deine Lust am Schreiben geweckt? Hast Du schon als Kind geschrieben?

Daran kann ich mich nicht erinnern, glaub ich. Als Kinder haben wir an Weihnachten kleine Theaterstücke aufgeführt. Eins war dabei, da ist ein Engel aus dem Himmel raus geschmissen worden und in der Wüste gelandet. Darüber war er stocksauer. In dem Stück hat noch ein Kamel mitgespielt und zwei brave Engel, glaub ich. Später hab ich angefangen, Gedichte zu schreiben. Tiefschwarze, direkt aus dem Abgrund. Über einsame Wölfe, die sich selbst fressen, Schwärme von Schwalben, die vom Himmel stürzen, Menschen, die in einem Wasserglas ertrinken. Ich war 17. Da schreibt man wohl so. Ich hab nur Dostojewski und Bukowski gelesen. Wobei da keine Verbindung besteht, außer dass sie auf ski enden. Wenn man »richtig« schreibt, das heißt also auch was einigermaßen lesbares abliefern muss, ändert sich das alles schlagartig. Aus unkontrollierten Gefühlswallungen wird Arbeit.

Du hast mit »Rosa macht blau« Deinen ersten Roman veröffentlicht. Was ist Deine Quelle und Inspiration zum Schreiben?

Eigentlich hab ich über »Inspiration« noch gar nie nachgedacht. Manchmal lauf ich irgendwo rum, schnapp irgendwas auf, und merk's mir. Der Rosa-Roman spielt im Supermarkt und hat tatsächlich im Supermarkt angefangen. Ich war beim einkaufen und hab mich nicht entscheiden können, was ich eigentlich brauche. Lauch, Zucchini, Paprika oder alles miteinander. Da hab ich eine Frau hinter mir sagen hören: »Naa! Do san ja Grüne drin! Die iiiisst er ma ja ned!!« Die Frau hat ein Netz mit bunten Paprikas in die Höhe gehalten. Und ich hab mir gedacht: Mei o mei. Wenn ich das jeden Tag hören würde ... Und wer ist eigentlich der »er« in dem Satz »Die isst er mir ned?« Das stell ich mir dann auf dem Heimweg vor. Daheim hab ich die Szene meinem damaligen Freund vorgespielt und ein bisschen ausgebaut. Er kennt auch viele solche Paare, wo sie sich Gedanken macht, was er ihr isst und was nicht ... Wir hatten einen lustigen Abend. Sowas passiert schon manchmal. Aber überwiegend sitz ich da und arbeite, wie jeder normale Mensch auch, und an einer Stelle muss mir was einfallen, dann überleg ich einfach, wie's sein könnte. Oder ich tu so, als wäre ich eine der Figuren. Manchmal wird's mir zuviel, zu theoretisch, dann flüchte ich. An den Kühlschrank oder in die Berge. Da ist dann auch wieder Inspiration. Ein Pärchen beim Landkarten lesen oder Schuhe binden ...

Wie lange hast Du an dem Drehbuch für Beste Zeit gearbeitet? Und wie ist es dann zur Kinoverfilmung gekommen?

Beste Zeit ist meine Abschlussarbeit an der Hochschule für Fernsehen und Film München. Verfilmt wurde das Buch vom Rosi. Das war irgendwie perfekt. Ich war in der Regie-Klasse. Aber der Abschluss mit einem Drehbuch ist da erlaubt. Ich war total froh. Hätt ich einen Film drehen müssen, wär ich vor Angst wahrscheinlich davon gelaufen. Der Rosi ist da anders.

Der will glaub ich, nichts lieber als drehen, drehen, drehen. Das Buch war in der ersten Fassung recht schnell fertig. Ein paar Wochen.

Kanntest Du den Regisseur Marcus Rosenmüller schon vorher?

Der Rosi war auch auf der Filmhochschule. Er war drei Jahrgänge über mir. Ich hab damals gedacht, die »Großen« haben schon so viel wichtige Dinge zu tun, und schon Preise für ihre Filme gewonnen, denen werden wir kleine Würschte bloß auf die Nerven gehen. Also hab ich den Rosi eigentlich erst nach der Schule kennen gelernt. Er kommt ja aus Hausham, und ich hab damals in Schliersee gewohnt. Da waren wir quasi Nachbarn.

Du bist selbst auf dem bayrischen Land aufgewachsen. Inwieweit erzählt die Geschichte von Kathi und Jo auch Deine eigene Jugend?

Der Film spielt in Tandern, und ich komm aus Tandern. Noch Fragen? Naa, ich hab nicht 1:1 mein Leben abgeschrieben. Die Gefühle schon. Aber Tatsachen nicht so.

Glaubst Du, dass die Geschichte von Kathi und Jo sich auch in einer Großstadt erzählen ließe?

Nein.

Wie wichtig ist es Dir, dass die Zuschauer sich auch emotional mit den beiden Mädchen identifizieren können?

Das ist alles, was zählt. Sonst erleben sie ja den Film nicht. Und dann wär er wohl langweilig.

Was passiert im dritten Teil?

Mei ... was das Leben halt so bringt. Liebe, Angst, verlassen und verlassen werden, heimkommen, bleiben, loslassen, neu orientieren ... Wenn man davon ausgeht, dass jeden Tag 10 000 Tonnen Sternschnuppen auf die Erde fallen, und wenn man glaubt, dass es für jeden Mensch jeden Tag genauso viel Chancen gibt, dann geht's darum, dass man irgendwann eine von diesen 10 000 Chancen nimmt und sie wahr macht. Das heißt dann leben. Oder so.

Traumberuf: Drehbuchautorin?

Nein, überhaupt nicht. Alles von Expeditionsbergsteigerin, Zoologin, Heilpraktikerin, Holzknecht, Pferdeflüsterin, Mutter von sieben wilden Kindern ... Aber kein Büro-Job. Dass das so geworden ist, hat bestimmt einen Grund, vielleicht bleibts auch nicht für alle Zeit so.

Gehst Du selbst viel ins Kino? Und liest Du viele Bücher?

Ich geh leider viel zu selten ins Kino, und wenn, dann schau ich Blockbuster, nicht die Filme, die ich gesehen haben sollte. Werde das vielleicht mal ändern. Bücher les ich viele, aber nicht alle zu Ende.

Möchtest Du mal nach Hollywood?

Nein.

Tipp:

Tandern gibt es wirklich. Eine Stunde von München entfernt in Richtung Petershausen. Da ist auch der Daumiller Berg zu finden und Kathis Hof, der aber in Wirklichkeit dem Ignaz gehört. Auch den Fußballplatz gibt es, der ja eine entscheidende Rolle spielt. Hier kann man einkehren in der Gaststätte ess-Bar (www.essbar-tandern.de), die von Karin Michalkes Cousin Daniel zusammen mit ihrem Bruder Tobias geführt wird. Es ist ein schönes und gutes Restaurant auf einem Originalschauplatz des Films.